# Libertad financiera

# Libertad financiera

Los cinco pasos para que el dinero
deje de ser un problema

## Sergio Fernández

Plataforma
Editorial

Primera edición en esta colección: mayo de 2019

© Sergio Fernández, 2019
© de la presente edición: Plataforma Editorial, 2019

Plataforma Editorial
c/ Muntaner, 269, entlo. 1ª – 08021 Barcelona
Tel.: (+34) 93 494 79 99 – Fax: (+34) 93 419 23 14
www.plataformaeditorial.com
info@plataformaeditorial.com

Depósito legal: B. 10.850-2019
ISBN: 978-84-17622-67-1
IBIC: VS

*Printed in Spain* – Impreso en España

Realización de cubierta y fotocomposición:
Grafime

El papel que se ha utilizado para imprimir este libro proviene
de explotaciones forestales controladas, donde se respetan
los valores ecológicos, sociales y el desarrollo sostenible del bosque.

Impresión:
Romanyà Valls
Capellades (Barcelona)

*Al equipo de IPP, gracias por ser cada día el cambio que queremos ver en el mundo y por sumaros a esta aventura de construir una sociedad mejor a través de la educación.*

# Índice |

AVISO IMPORTANTE: No creo en programas tipo «hágase rico al instante» o en fórmulas mágicas. Creo en el trabajo diario aportando valor, pasándolo en grande, y en la construcción de una carrera profesional a largo plazo sirviendo a los demás con compromiso y honestidad. Creo que este es el cimiento necesario para mejorar las finanzas.

Todos mis sistemas formativos están diseñados para ayudarte personal y profesionalmente, pero este crecimiento depende principalmente de tu aprendizaje permanente, de tu trabajo y de tu nivel de compromiso.

No puedo ofrecerte ninguna garantía sobre tu capacidad para obtener resultados o ganar dinero con las ideas, información, herramientas o estrategias mostradas en este libro. Todos mis productos y servicios son solo para fines educativos e informativos. Ningún contenido es una promesa o garantía de resultados, transformaciones o ganancias futuras.

Este libro no constituye asesoramiento psicológico, jurídico, fiscal, contable, laboral, mercantil o de cualquier otra índole. Busca en todo momento el asesoramiento de profesionales cualificados que te ayuden a valorar tu situación concreta antes de tomar cualquier decisión.

Por otra parte, todo esto es bastante obvio. Lo siento, pero era necesario decirlo… ¡Empezamos!

# ¿Cómo leer este libro?

El libro cuenta con dos bloques bien diferenciados.

El **primer bloque** incluye el paso 1 (Primero lo primero) y el paso 2 (Conviértete en tu mejor versión).

Este bloque te invita a reflexionar sobre qué es el dinero, sus mitos y las creencias que tenemos sobre este, así como por qué tu desarrollo personal es un requisito previo a la mejora de tus finanzas.

Este bloque te ayudará a consolidar una base sólida sobre la que mejorar tus finanzas.

El **segundo bloque** incluye el paso 3 (Aprende los conceptos básicos), el paso 4 (Descubre las diez claves para ordenar tu economía) y el paso 5 (Practica las cinco herramientas que pueden cambiarlo todo).

Este bloque es eminentemente práctico y te propone acciones concretas y herramientas muy sencillas –pero terriblemente eficaces– para mejorar tus resultados económicos.

Probablemente has comprado el libro por tu interés en el contenido de los pasos 3, 4 y 5 del libro, pero para que esas ideas y claves prácticas funcionen necesitas tener claras las ideas de los pasos 1 y 2.

Si entiendes bien qué es el dinero, comprendes las falsas creencias que lo alejan, así como cuáles son las actitudes necesarias para mejorar económicamente, quizá quieras empezar directamente en el paso 3.

Mi recomendación, no obstante, es que empieces por el principio.

Decidas lo que decidas, te doy la bienvenida a un viaje que no tendrá vuelta atrás: el viaje a la libertad financiera. ¿Empezamos?

# Introducción
## Por qué escribo este libro...

«Solo hay una clase social que piensa más en el dinero que los ricos: los pobres. Los pobres no piensan en otra cosa.»

OSCAR WILDE

«Cuando un hombre por cualquier motivo tiene la oportunidad de llevar una vida extraordinaria no tiene derecho a guardársela para sí mismo.»

JACQUES COUSTEAU

Cada persona tiene una tendencia natural a fijar su atención en algún tipo de asuntos en particular. En mi caso, desde muy joven sentí una predisposición casi congénita a trabajar para conseguir un mundo más justo y abundante.

El motor que me mueve cada día es trabajar para hacer de este mundo un lugar mejor y más coherente con lo que verdaderamente es el ser humano.

Recuerdo con nitidez que de adolescente me parecía una anomalía que mi familia y la mayoría de los adultos que conocía tuvieran que trabajar tantas horas a cambio de dinero para poder vivir (incluso en ocasiones sobrevivir).

Me enfurecía entonces, y ahora me sigue pareciendo algo que no corresponde con nuestro nivel consciencial y tecnológico.

Siempre he pensado que nos merecemos algo más, y que no tiene sentido que tantas personas experimenten problemas de dinero.

> **Me preocupa que el dinero sea un problema en la vida de tantas personas.**

Recuerdo a mis padres y familiares trabajando de sol a sol para sufragar un estilo de vida que no incluía ningún lujo. También me recuerdo prometiéndome a mí mismo que esto no me sucedería cuando fuera adulto.

Este contexto social, pero sobre todo la forma en que lo interpreté, fue lo que probablemente me llevó a estar enfadado durante algún tiempo con el dinero y con el mundo profesional.

El dinero y la empresa fueron dos aspectos de la vida que durante mucho tiempo me dieron la sensación de ser opacos e incluso algo turbios.

Supongo que es fácil enfadarse con la vida cuando sientes que esta no te ha dado tu parte.

Tuvieron que pasar muchos años hasta que entendí que nadie, y mucho menos la vida, me había quitado mi parte. Lo único que pasaba es que yo no estaba tomando mi parte.

Y en cuanto reclamé mi parte, todo se ordenó. Primero dentro y después fuera.

Si hablar del dinero te incomoda, si consideras el trabajo fundamentalmente un trámite para conseguir efectivo o si eres de los que cree que el dinero no es importante, puedes creerme cuando te digo que también he pasado por eso.

Tuvieron que pasar algunos años para que algo hiciera clic en mi interior. Y afortunadamente terminé por comprender que iba a pasar el resto de mi vida trabajando a cambio de un jornal y, lo que es peor, enfadado con el mundo, salvo que cambiara radicalmente mi forma de pensar sobre el dinero.

> Comprendí que nadie me había quitado nada,
> y que era yo quien se había negado la abundancia.

## Damnificado del pack completo

Déjame que te cuente algo: yo también fui un damnificado del pack completo. El pack completo incluye carrera universitaria, trabajo para toda la vida, casa en propiedad, hipoteca a treinta años y la sensación de que hay algo que falla.

Posiblemente te suene. Yo me lo pedí todo. La cuestión es que tenía veinticinco años y tuve la intuición de que me había comprado una fórmula que no funcionaba, y que no iba a hacerlo jamás.

Mi corazón me decía cada mañana que el trabajo que tenía estaba no era lo que yo había venido a hacer a este mundo. Me conté la verdad y el resultado fue que estaba allí solo a cambio de dinero. Me tocaba mover ficha.

Así que tomé una decisión que cambió mi vida para siempre: decidí despedir a mi jefe, emprender y aprender sobre dinero. Tres en uno. Supongo que me lo pedí todo porque no sabía que era imposible.

Me comprometí al cien por cien a desarrollar una actividad con significado y por la que sintiera pasión, pero también me dije que aprendería lo necesario para que esto me permitiera vivir con holgura el estilo de vida que deseaba.

No voy a decirte que ha sido todo fácil, pero lo que sí te puedo decir es que está siendo un camino fascinante.

Le estoy profundamente agradecido a aquella hipoteca a treinta años (¿Sigue siendo legal que alguien de 25 años sin educación financiera firme una hipoteca?), y a aquel salario raquítico porque posiblemente sin la sensación de desasosiego radical que me generaron no me hubiera sentido urgido a aprender lo que me ha convertido en la persona que soy.

Sé que hay cientos de libros sobre dinero porque me he leído unas cuantas decenas de ellos, así que no es mi intención añadir más literatura al respecto.

He escrito este libro para...

**1. Darte información concreta.** Cuando me propuse revertir mi situación económica pronto me encontré con excelente información motivacional.

Sin embargo, me costó encontrar información bajada a tierra sobre qué hacer en el día a día para mejorar mis resultados económicos.

Encontré un vacío al respecto de qué hacer en lo concreto el lunes por la mañana. Encontrar esa información fue la parte más difícil de mi camino y considero que esa parte es crucial. He escrito este libro para compartirla.

**2. Conseguir que disfrutes del dinero conscientemente.** Me interesa el dinero como medio para poder desarrollar nuestro propósito en este mundo y como herramienta al servicio de nuestra parte más esencial; no como una herramienta al servicio de nuestro ego.

Me interesa el dinero como la consecuencia natural de ser lo que hemos venido a ser y este libro quiere compartir contigo esta visión.

**3. Permitirte generar tu propia revolución.** Los seres humanos estamos viviendo muy por debajo de nuestras posibilidades. Posiblemente ya te habrás dado cuenta de ello. Y me temo que hasta que no aprendamos a manejar el dinero necesariamente seguirá siendo así.

Los cambios verdaderos en el mundo vienen siempre desde el interior de las personas. Este libro es para todas aquellas personas que están liderando un cambio en sus vidas: el cambio de liderar su economía para después liderar completamente su vida.

> Este libro no habla sobre dinero, sino sobre cómo recuperar la libertad sobre tu tiempo y tu energía.

Así que este libro, en realidad más que tratar sobre dinero trata sobre cómo recuperar la libertad sobre tu tiempo y tu energía.

Los problemas de dinero nunca se han solucionado con dinero, sino con ideas nuevas.

Los problemas de dinero se crean en el plano de lo mental, emocional y espiritual. Puedes leer el libro *Vivir con abundancia* o ver el vídeo con el mismo nombre en YouTube si deseas profundizar más en esta idea revolucionaria.

> Los problemas de dinero no se solucionan con dinero.

La historia lleva siglos demostrándonos tozudamente que la idea de que el cambio puede venir desde fuera a través de un líder, partido político, gurú o ley no acaba de ofrecer los resultados que esperábamos.

Este libro comparte las ideas para empezar con esa revolución en nuestra vida y en el plano de lo económico.

He escrito este libro para compartir las ideas y las herramientas que te permitirán mejorar tu bienestar financiero. Pero las ideas son como las prendas de vestir; cada uno tiene que encontrar las que le sientan bien.

Te invito a que te las pruebes para ver cómo te quedan, pero sobre todo para que compruebes si te ofrecen los resultados que buscas.

Es posible que algunas ideas de este libro te parezcan poco ortodoxas, pero ya sabes que ideas poco comunes conducen a resultados poco comunes.

¡Ahora sí que sí, iniciamos este viaje!

# Primero lo primero

# 1.
# Analfabetismo financiero

«*Freedom is not free.*»

En 1830 se promulgó una ley en Carolina del Norte que preveía penas de cárcel para quien enseñase a leer y escribir a los esclavos «en vista de que la alfabetización tiende a excitar el descontento en sus mentes y produce insurrección y rebelión». La forma en la que durante muchos años se esclavizó a las personas fue prohibiéndoles que aprendieran a leer y escribir. Desde siempre se ha sabido que el conocimiento hace libres a las personas. La forma en la que hoy se mantiene a gran parte de la población mundial esclavizada es gracias al analfabetismo financiero.

Piénsalo: la mayoría de los habitantes del planeta no ha estudiado nada acerca del dinero, una herramienta que emplean cada día. Es más, puedes pasarte veinte años en el sistema educativo, ¡veinte años!, como fue mi caso, y no aprender nada sobre finanzas personales.

Personalmente encuentro algo turbio en todo este asunto.

Y lo peor es que parece que la mayoría de personas están demasiado ocupadas trabajando para ganar dinero como para encontrar un rato para estudiar cómo funciona este.

> Hay quien está tan ocupado trabajando
> que no tiene tiempo para ganar dinero.

En todas las sociedades siempre ha habido un reducido grupo de personas que han tenido acceso a cierta información para poder crear y mantener la riqueza. Pero por primera vez en la historia esto ya no tiene por qué ser así. Ahora cualquiera puede acceder a esta información. Entonces la pregunta es: ¿Qué estás haciendo al respecto?

Te invito a que trabajes las ideas de este libro en grupo, a que formes una pequeña comunidad de personas que estudian y comparten sus progresos en relación con el dinero, y que lo hacen para disfrutar de una vida más consciente, al tiempo que construyen una sociedad mejor.

Hay ciertos caminos que resulta más fácil, y también más divertido, transitarlos acompañado.

Si eres profesor, te invito a que trabajes este libro con tus alumnos. Quizá no encontrarás un espacio dentro del programa oficial que impartes; sin embargo, si realmente deseas hacerlo, estoy seguro de que hallarás la forma.

Le estarás haciendo un gran regalo a tus estudiantes. La mayoría de ellos, salvo que tú lo remedies, no aprenderán nada sobre dinero en todos sus años de estudio y eso lastrará sus vidas para siempre. Tú puedes marcar una diferencia en sus vidas, que te agradecerán en el futuro.

¿Quién lo hará si no lo haces tú?

> La mayoría de los estudiantes no aprenderán nada
> sobre el dinero, una herramienta que usan cada día,
> a lo largo de todos sus años de estudio.

El nuevo analfabetismo que está impidiendo que muchas personas vivan sus vidas es el analfabetismo financiero que las aboca a tener que intercambiar tiempo a cambio de dinero.

Hablemos claro: si no estás gestionando tu dinero, entonces es posible que alguien esté liderando tu vida.

# 2.
# Para qué sirve este libro (y para qué no)

«Cuando necesito leer un libro lo escribo.»

BENJAMIN DISRAELI

El 13 de octubre de 1972, un vuelo que se dirigía a Santiago de Chile desde Uruguay se estrelló en la cordillera de los Andes. El accidente les costó la vida a veintinueve personas. Los supervivientes se enfrentaron durante más de dos meses a condiciones extremas, alimentándose a base de restos humanos y con temperaturas de más de 40 grados bajo cero.

Cuando llevaban más de dos meses en el lugar del accidente y siendo conscientes de que habían detenido los operativos de búsqueda, una delegación de los supervivientes salió en busca de ayuda. Después de diez jornadas de marcha épica finalmente se encontraron con un campesino que dio la voz de alarma y activó el rescate.

Estos supervivientes cambiaron su destino cuando adoptaron una decisión arriesgada: salir en busca de ayuda. Comprendieron que ya nadie los rescataría ni los buscaría porque los daban por muertos, que lo único que podían hacer era ponerse en marcha para buscar ayuda sin mapa, sin certezas y sin garantías.

Hay ocasiones, especialmente cuando las circunstancias no son favorables, en las que lo único que nos queda es nuestro convencimiento de que, en algún lugar, tiene que haber algo mejor para nosotros.

Hoy, muchas personas están siniestradas en un inhóspito lugar económico, han perdido toda esperanza y creen que lo único que podría revertir su situación económica es que alguien las rescate, ya sea en forma de lotería, de partido político o de golpe de suerte.

Si este es tu caso, tienes que entender que nadie va a mandar un operativo de búsqueda para salvarte, que estás solo y que a casi ningún poder le importa tu progreso económico, salvo que tu situación empiece a ser un engorro para alguien.

En algún momento, te guste o no, tendrás que pensar en la forma de activar tu rescate, de iniciar una travesía sin garantías para buscar ayuda, especialmente ahora que sabes que nadie va a hacerlo.

Este libro es un mapa para cuando comiences tu marcha épica en busca de una mejor situación económica.

## Este libro sirve para...

### NO CONFUNDIR IGNORANCIA CON IMPOSIBILIDAD

Con frecuencia nos planteamos objetivos por debajo de lo que realmente nos apetecería —especialmente en el aspecto económico— porque desconocemos la información que nos permitiría llegar al objetivo que realmente deseamos.

Si no supieras que existe el coche y solo conocieras la carroza de caballos, no te plantearías hacer cien kilómetros en una hora. Pensarías que es imposible y, por tanto, no entraría ni siquiera dentro de tus aspiraciones.

La mayoría de los problemas de la Humanidad podrían resolverse con el nivel de consciencia y con el conocimiento adecuado. Por eso, siempre que se presenta un reto en mi vida, me formulo la misma pregunta: ¿Qué debo aprender?

## CONTAR CON MÁS PARTES DEL MAPA

Cuando en las cartas de navegación de la Edad Media no aparecía América, los navegantes no se planteaban embarcarse para ir allí. La razón es sencilla: desconocían su existencia.

Cuando en nuestras formaciones explicamos determinados conceptos, los asistentes se proponen objetivos que antes no se habían podido plantear sencillamente porque desconocían su existencia.

Este libro te presenta más partes del mapa para que después, libremente, escojas tu destino.

## CONTARSE LA VERDAD

No saber lo que ganas, lo que gastas, cómo lo gastas, o no disponer de una planificación financiera son diferentes maneras de no contarte la verdad sobre el dinero.

Contarte la verdad al respecto de lo que sucede es ya de por sí profundamente transformador en cualquier ámbito; también en el dinero.

Contarte la verdad incluye tener información sobre tus ingresos y gastos, pero también reconocer la verdad sobre tus aspiraciones y creencias económicas.

Si todo esto te suena complicado o aburrido, quizá te apetezca preguntarte: ¿Quiénes se benefician de que yo crea que el dinero es complicado o aburrido y de que decida no aprenderlo?

Cuando tengas la respuesta, seguimos.

INSPIRARTE A APRENDER SOBRE DINERO

Aprender sobre dinero es sexy y divertido, en contra de lo que posiblemente te has imaginado durante años. Aprender a gestionar tu dinero te permitirá gestionar mejor tu vida... ¿Hay algo más sexy que conducir tu vida? Hay una epidemia de vidas no vividas como consecuencia de un desconocimiento absoluto del dinero.

No trabajarte esta relación te llevará a perderte algunas de las cosas buenas que tiene la vida o, como mínimo, a tener que trabajar demasiadas horas para poder disfrutarlas.

Hay quien afirma que no le interesa el dinero. Curiosamente quienes lo dicen son los que con frecuencia emplean más horas trabajando para conseguirlo.

> Curiosamente, quienes afirman que no les interesa el dinero suelen ser quienes más horas emplean para conseguirlo.

## Este libro no sirve para...

INCENTIVAR LA AVARICIA O LA CODICIA

No creo en las fórmulas lo quiero todo y lo quiero ya. Probablemente porque creo que ya lo tienes todo; el premio gordo es estar vivo y ya te ha tocado.

Si con todo lo que tienes no se sientes satisfecho, sea lo que sea, te advierto que con todo lo que crees que te falta tampoco lo serás.

Este no es un libro para incentivar la avaricia, sino para sanar tu relación con el dinero y para que interiorices que lo natural es la abundancia.

Creo en la importancia de preguntarse cuánto dinero se

quiere y para qué se quiere. Si lo quieres solo para ti, quizá tengas un problema. Si lo quieres solo para los demás, también es posible que tengas un problema. Como para casi todas las cuestiones de la vida, el equilibrio suele ser un buen consejero.

### HACERTE RICO DE UN DÍA PARA OTRO

El enfoque de este libro –y de todo lo que hago– es que primero es el desarrollo personal y luego el desarrollo profesional. Y aunque en ocasiones los resultados son asombrosamente rápidos, no puedo –ni quiero– prometerte efectos espectaculares para mañana a primera hora.

Creo más en el proceso que en el resultado, en el camino que en la meta, en que lo más valioso es la persona en la que te vas a convertir antes que el lugar al que vas a llegar.

Si te dieran a elegir entre tener mañana un millón de euros o la mentalidad capaz de generarlos… ¿Qué elegirías?

Este libro defiende la idea de que es mejor quedarse con la mentalidad porque esta ofrece el mismo resultado de manera consistente e inevitable. El millón de euros en manos de la mentalidad equivocada acabará como ya sabes por desaparecer.

### ASESORARTE SOBRE INVERSIONES

Nadie puede hacer este trabajo por ti, y mucho menos este libro. Cada vez que alguien me pregunta en qué invertir, suelo responderle lo mismo: «Fórmate y edúcate hasta que no te haga falta hacer esa pregunta. En ese momento podrás invertir. Mientras tanto, mucho cuidado porque un día alguien te responderá, y sin conocimiento estarás potencialmente en peligro…».

# 3.
## Por qué no quieren que sepas de dinero (y por qué es necesario que aprendas)

«Tanto la abundancia como la ausencia de dinero te darán problemas. La cuestión es qué tipo de problemas te gustaría tener.»

ROBERT KIYOSAKI

Desde muy joven me ha parecido sospechoso que una persona pueda acabar el colegio, el bachillerato y la universidad, o lo que es lo mismo: pasarse dos décadas escolarizado, ¡dos décadas, piénsalo!, y que cuando termine no sepa nada o casi nada acerca de algunos de los asuntos más importantes de los cuales va a necesitar saber el resto de su vida: cómo usar sus dones y talentos, el dinero, la salud, las relaciones, la pareja, la alimentación o la espiritualidad, entre otros.

¿Tú también te malicias algo escabroso o soy yo el único?

Pero, en lo que se refiere al dinero, la situación es especialmente grave porque esa ignorancia mantiene a millones de personas sin poder disfrutar del estilo de vida que desean.

¿Cómo es posible que tras dos décadas de escolarización no

se aprenda lo suficiente sobre una herramienta que vamos a emplear cada día del resto de nuestra vida? ¿Por qué los medios de comunicación públicos no ofrecen formación sobre cómo ganar, gestionar e invertir el dinero?

Incluso para manejar una motocicleta se requiere un carnet. Aunque este no capacita realmente para conducirla, al menos se representa una pantomima de examen cuyo aprobado faculta aparentemente para ello.

Sin embargo, un ciudadano puede ir a una entidad bancaria, firmar una hipoteca y comprometerse en ese acto a saldar esa deuda más los intereses correspondientes durante los próximos treinta años con todos sus bienes presentes y futuros y que no le pidan haber estudiado nada al respecto. No me lo han contado: yo mismo protagonicé esta escena de terror cuando tenía veinticinco años.

Me dan escalofríos al recordarlo.

Hay un silencio cómplice para que no aprendas de dinero. Y lo único que puede revertir esta situación es que hagas algo al respecto.

> Hasta para conducir una motocicleta hace falta aprender ciertas reglas y obtener un carnet. Sin embargo, nunca aprendemos nada sobre dinero.

Hoy no puedes confiar a los poderes públicos tu educación sobre algunas de las cuestiones esenciales de la vida, entre ellas el dinero. No obstante, con ellos podrás aprender cosas muy interesantes, aunque en ocasiones poco útiles para tu día a día.

Muchos profesores no están interesados en aprender y enseñar sobre el dinero, así que no es extraño que no te hayan podido enseñar nada sobre él.

No hay mala intención en absoluto; es simplemente que no pudieron enseñarte algo que ignoraban.

Te invito a que aprendas sobre dinero por varias razones:

## 1. Dedicamos las mejores horas de nuestra vida a conseguir dinero

En el futuro no entenderán que trabajásemos solo y exclusivamente a cambio de dinero, como hoy no entendemos, por ejemplo, algunos aspectos oscuros del Medievo.

Muchas personas intercambian cada día su tiempo –su recurso más valioso– a cambio de dinero. Creo que esta es una razón suficientemente importante como para aprender a generarlo, administrarlo y a gastarlo de manera consciente.

Al aprender sobre dinero estás aprendiendo en el fondo a administrar mejor tu tiempo. Y esto es lo realmente clave.

## 2. Siempre tendrás problemas de dinero

En realidad siempre tendrás que ocuparte del dinero porque es una herramienta de intercambio. Mientras vivas en sociedad intercambiarás productos, servicios o ideas con otros seres humanos, de manera que siempre tendrás que ocuparte del dinero para efectuar estos intercambios.

En realidad se pueden tener problemas buenos de dinero o problemas malos de dinero. Tu objetivo debería ser tener problemas buenos de dinero y cada vez mejores.

No tener dinero para pagar la luz es un problema malo, mientras que hacerte preguntas sobre cuál es el mejor trato para vender una compañía que has creado es un problema bueno. La diferencia está clara, ¿verdad?

Solo habrá un momento en el que no tendrás ningún problema: cuando estés muerto. Por eso, aspirar a no tener ningún problema no me parece la mejor idea. Aspirar a tener problemas buenos considero mejor idea que aspirar a no tener problemas.

## 3. Para que puedas dejar una huella significativa en este mundo

Un principio que cualquier capitán de barco conoce es que, si una persona cae al agua desde su embarcación, tendrá que hacer todo lo posible por salvarla; sin embargo, hay una cosa que sabe que no debería hacer y es tirarse al agua, porque es consciente de que entonces posiblemente perecerán los dos.

Resulta más fácil salvar a otros estando a salvo. Resulta complicado ayudar a un náufrago mientras tratas de sobrevivir al frío y a los tiburones. En la embarcación puedes abrigarte, maniobrar, lanzar un salvavidas o solicitar ayuda.

Con las finanzas sucede lo mismo. Una estupenda manera de dejar una huella significativa en este mundo —no la única— es tener unas finanzas saneadas, porque desde esa posición podrás apoyar las ideas y las causas en las que crees, ya sea con tiempo, con dinero o con ambas.

Resulta más fácil ayudar a un náufrago cuando se está a salvo. Resulta más fácil ayudar a otros cuando no tienes problemas económicos.

Hace años un amigo me dijo algo que me marcó: «Sergio, la mejor forma de combatir la pobreza en el mundo es no siendo pobre». Han pasado años y aún recuerdo ese momento.

Espero que esta idea cale tan profundo en ti como lo hizo en mí.

La pobreza se erradicará cuando cada persona del planeta deje de ser pobre. ¿Me ayudas en esta tarea?

> **La mejor manera de empezar a terminar con la pobreza es no siendo pobre.**

A mí me parece vergonzoso el nivel de pobreza que hay todavía en el planeta. El primer paso que puedes dar para ayudar a erradicarla es dar ejemplo y hacer que el dinero no sea un problema en tu vida.

Hasta que esta se erradique por completo, tu abundancia económica permitirá que puedas facilitar el proceso de transición de otras personas hacia la abundancia espiritual y material.

Solo podemos ayudar a otros seres humanos cuando estamos en una posición desde la que podemos hacerlo.

Intentarlo de otra manera demuestra por lo general un gran corazón, pero también poco sentido práctico.

> **Si eres buena persona, con dinero podrás hacer más cosas por los demás.**

## 4. Porque las clases medias están desapareciendo

Hace pocos años no disponer de inteligencia financiera no era crucial. Se podía ser clase media, no disponer de apenas ningún conocimiento sobre dinero y aun así disfrutar de calidad de vida.

Este panorama cambia aceleradamente, y la brecha entre ricos y pobres es cada vez mayor. Si eres clase media, tu estatus está amenazado. Eres una especie en peligro de extinción en Occidente. Protégete.

Cada vez será más complicado vivir sin saber manejar el dinero. La presión fiscal será cada vez mayor; todo parece indicar que la mayoría de salarios no especializados seguirán bajando los próximos años; antes o después alguien tendrá que reformar el sistema de pensiones y el importe de estas bajará; las máquinas efectuarán muchos trabajos que hoy hacemos los humanos... ¿Necesitas más razones para aprender sobre dinero y empezar a trabajar en tu independencia financiera?

> Hace años no saber nada sobre dinero no era decisivo para ser clase media; hoy no saber nada sobre dinero te catapulta fuera de la clase media.

## 5. Para que no emplees el dinero como excusa para no vivir

Por alguna razón que no alcanzo a entender está bien visto decir «no puedo: no tengo dinero». El lenguaje es una herramienta que no solo sirve para definir la realidad, sino que también la crea, así que cuando dices que no tienes dinero es posible que estés definiendo una realidad. Pero lo que es seguro es que también la estás creando.

Las palabras tienen la capacidad –a menudo ignorada– de crear nuestro futuro, así que cuando dices «no puedo: no tengo dinero» en el fondo lo que estás haciendo es mandando una orden a tu cerebro.

Cada pensamiento y cada palabra son un pronóstico del futuro y una orden que será cumplida. Y decir «no tengo dinero» no es una excepción a esta regla.

Es posible que hoy no tengas esa cantidad, pero si en lugar de afirmar que no dispones de dinero te preguntases cómo podrías conseguirlo, los resultados cambiarían notablemente. La otra posibilidad es que de antemano digas que no estás dispuesto a hacer lo necesario para conseguir esa suma –lo cual es legítimo–, pero al menos de esta manera tomarás consciencia de cuál es la verdad, en lugar de emplear el lenguaje de forma irresponsable como un arma de destrucción de tu futuro.

El día en el que un ser humano comprende realmente el poder creador de las palabras que pronuncia, ese día no vuelve a descuidar su lenguaje jamás, y deja de decir cosas como «no puedo: no tengo dinero».

> **Cada palabra que pronunciamos
> es un pronóstico del futuro.**

**6. Porque mejorar tus resultados económicos mejorará posiblemente otros resultados en tu vida**

Tu cerebro vincula el dinero –o su ausencia– a tu supervivencia y la de tus seres queridos, por eso es un tema cuyo tratamiento nos conmueve tan directamente.

La supervivencia es lo prioritario para tu cerebro. Resulta complicado escribir poesía con la tripa vacía.

Por mandato biológico tu cerebro está más interesado en tu supervivencia que en tu felicidad, y por lo tanto no estará completamente tranquilo para poder pensar con claridad hasta que no tenga paz con el asunto del dinero.

Estar en paz no significa ser millonario; significa estar en paz. Y para cada persona esto significará algo diferente.

Mientras que la supervivencia no esté garantizada, tu cerebro no pasará a reflexionar sobre otros asuntos que también son importantes. Por eso con frecuencia los problemas económicos suelen ser causa de otro tipo de problemas.

# 4.
## Qué es el dinero

«Nada externo a mí puede amarme o hacerme daño
porque no existe nada externo a mí.»

UN CURSO DE MILAGROS

Un problema que encontramos cuando reflexionamos sobre el
dinero es precisamente este: que no podemos reflexionar. La
emoción lo invade todo.

*Dinero* es una de las palabras que más emociones suscitan.
Para unos es una bendición, y para otros, una maldición. Para
unos es la consecuencia natural de entregar valor a otras personas, y para otros es algo por lo que tienen que luchar cada día.

Para disfrutar de una buena relación con el dinero, es mejor aparcar las emociones y pensar un poco más. Cuanta más
emoción te genere, peores decisiones tomarás. Es asombroso lo
que se puede llegar a conseguir en la vida con el simple hábito
de pensar de vez en cuando.

Te propongo que reflexionemos sobre qué es verdaderamente el dinero para que podamos cultivar una mejor relación con él.

¿Qué es el dinero entonces...?

## 1. El dinero es una herramienta de intercambio

El dinero se inventó para facilitar a las personas el intercambio de bienes y servicios. Es, por tanto, una herramienta que todas las sociedades han terminado por adoptar porque facilita los intercambios entre personas, y también porque permite hacerlo de manera diferida en el tiempo.

¿Cómo podríamos ingeniárnoslas para intercambiar solo mediante el trueque? La vida sería muy complicada. La evolución natural del trueque es el dinero, porque facilita y estimula el intercambio.

El trueque elimina muchas de las posibilidades que ofrece el dinero, como la posibilidad de aplazar en el tiempo el intercambio, de incluir a un tercero, de fraccionarse o de pedir prestado, entre otras.

El dinero, por tanto, es principalmente una herramienta que facilita el intercambio. Las emociones que te pueda generar a ti son otro asunto, pero en último término es solo eso: una herramienta de intercambio.

## 2. El dinero es una herramienta neutra

Deja un billete sobre una mesa y míralo atentamente: pronto comprobarás que no hace nada. Yo he hecho la prueba con monedas y con cheques y siempre sucede lo mismo: nada.

El dinero es neutro. Es potencialidad pura: el dinero tiene la capacidad de convertirse potencialmente en cualquier cosa. Un billete puede usarse para salvar la vida de una persona o para acabar con ella. Todo depende de cómo se emplee.

Un escudo o una bandera también movilizan muchas emociones, pero en sí mismos, como el dinero, son neutros.

Muchas personas intuyen que algo va mal con respecto al dinero, pero en realidad lo que va mal es la forma en la que nos relacionamos con él.

Hay cierta tendencia a considerar que el dinero tiene la capacidad de malear a las personas. Sin embargo, como decimos, no es más que una herramienta neutra que no tiene capacidad de hacer ni bien ni mal a nadie y que solo se convierte en lo que la persona que paga y la persona que acepta el pago deciden hacer en ese momento.

Un alicate o un automóvil también son herramientas, y no se suele decir de ellas que hayan maleado a nadie. El dinero no puede malear a nadie; un alicate tampoco.

Si alguien se echa a perder por tener una suma en el banco, me temo que esa persona ya venía así de casa.

¿No te parece reconfortante saber que no es más que una herramienta? Y como cualquier otra herramienta puede ser empleado para hacer el bien o para hacer el mal.

> El dinero es una herramienta con la que se puede hacer el bien o el mal, como con cualquier otra herramienta.

## 3. El dinero es un acelerador

El dinero es un acelerador que permite que la velocidad a la que los acontecimientos suceden se incremente.

Si quieres ir de Madrid a Barcelona, puedes ir caminando y emplear dos semanas; ir en autobús y emplear ocho horas o hacerlo en menos de tres horas en un tren de alta velocidad, así que si tienes dinero y quieres gastarlo, emplearás menos tiempo en realizar ese recorrido.

Si posees un terreno y quieres construir una casa, puedes construirla tú mismo y emplear cierta cantidad de meses. También puedes contratar una empresa para que la construya y hacer que el proceso se acorte notablemente.

El dinero permite que lo que deseas suceda antes; por eso es un acelerador. Aunque por otra parte el dinero no es el único acelerador: la consciencia y el conocimiento también lo son.

Esto es algo que de forma intuitiva ya conocemos, por eso hay tantas personas temerosas de tener dinero, porque saben que sus pensamientos se materializarían antes y eso produce, especialmente cuando no se está acostumbrado, cierto vértigo, porque requiere de mayor responsabilidad.

Por tanto, cuanto mayor sea tu habilidad manejando esta herramienta más rápidamente manifestarás lo que piensas en el plano de lo físico.

> **El dinero es potencialidad pura: puede ser cualquier cosa.**
> **Por eso nos produce fascinación y respeto.**

## 4. El dinero es un amplificador

El dinero tiene la capacidad de amplificar la esencia de quienes lo tienen. Si tu inteligencia es brillante, todos nos daremos cuenta de ello más rápidamente si tienes dinero. Si eres un gañán, lamentablemente también nos daremos cuenta antes.

Por eso es mucho más fácil conocer cómo es realmente una persona cuando tiene algo de dinero, porque este lo amplificará. El dinero es como las redes sociales: amplifican los pensamientos de sus usuarios. Cualquier red social amplifica lo que eres; el dinero también lo hace.

Si alguien dice una bobada, gracias a las redes sociales, ahora en lugar de sus dos amigos en el bar se enteran mil personas. De igual manera, si dice algo interesante, se enterarán muchas más personas.

Con el dinero sucede lo mismo: amplifica aquello que eres verdaderamente y hace que más personas, incluido tú mismo, sepan lo que eres en realidad. Quizá por eso de manera intuitiva le tenemos tanto respeto.

Si eres buena persona, el dinero hará mayores tu bondad e influencia en este mundo. El dinero solo amplificará lo que eres. Si tienes dinero, puedes ser como Pablo Escobar y emplearlo para poner una bomba en un avión lleno de civiles, o puedes emplearlo para crear una fundación como Bill y Melinda Gates.

> Se dice que el dinero cambia a las personas; en realidad lo que hace es amplificar lo que realmente son.

## 5. El dinero es una forma de dar las gracias

Me gusta pensar en el dinero como una forma aceptada socialmente de dar las gracias por todos los bienes y servicios que recibo. Por eso disfruto tanto dando las gracias, y también pagando, que es otra forma de dar las gracias.

Imagina que vivieras en un planeta donde pudieses disfrutar de todo lo que necesitas. En ese planeta vives con abundancia suprema y lo único que tienes que hacer para poder disfrutar de cualquier cosa es dar las gracias. Ahora imagina que la forma socialmente aceptada de dar las gracias en ese planeta es con dinero, que es curiosamente la misma manera que emplean otras personas para darte las gracias a ti a cambio de darles lo que quieren.

¿No te parece maravilloso?

Pues ya vives en ese planeta.

> **Pagar con dinero es solo una forma de dar las gracias mundialmente aceptada.**

Para poder disfrutar de más cosas solo tienes que encontrar la forma de que más personas te den las gracias (te ofrezcan dinero).

## 6. El dinero es consecuencia del valor que aportas a otras personas

Comprender que el dinero es solo una manifestación del valor que aportamos a otras personas es una idea que, una vez interiorizada, no puede dejarte indiferente.

El propósito de esta vida es dar amor. ¿Cuál podría ser si no? Y la forma de dar amor en el plano profesional es entregando valor a otros. Así que cuando ofrecemos valor lo que hacemos es simplemente cumplir con nuestro propósito.

El fin último de un trabajo es entregar valor a otros y la consecuencia es que se gana dinero.

Este valor que ofreces se te puede retribuir de muchas maneras, como reconocimiento, prestigio o cariño, pero el dinero es una de las formas más aceptadas.

Piénsalo: cada vez que pagas algo es porque a cambio se te entrega algo de valor. Por eso, si deseas mayor abundancia económica en tu vida, la vía rápida es ofrecer más valor a más personas.

Detrás de cada empresa o profesional que recibe dinero hay una entrega de valor de una u otra forma. Piénsalo: no falla. Si ganas poco dinero con una actividad profesional posiblemente estés ofreciendo poco valor a pocas personas. Quizá de una manera sutil, la vida te está incentivando a que busques la forma de aportar más valor a otras personas a través de otros caminos y poniendo tus talentos al servicio de otra forma.

> La respuesta a la pregunta «¿Cómo podría aportar más valor a más personas?» es la clave para ganar más dinero.

Si te enfocas en aportar valor a otros, estás rotundamente condenado a la abundancia económica porque la vida, en agradecimiento por tu servicio, te facilitará el dinero necesario para que los problemas económicos no te distraigan de tu tarea de servicio.

Sal a la calle a buscar un problema, necesidad o deseo ajeno y ponte a ofrecer algo de valor. Si lo consigues, es fácil que alguien te entregue dinero a cambio.

Según explica la ley del equilibrio (En mi libro *Vivir con abundancia* puedes profundizar más), la homeostasis es un principio de la vida que busca constantemente restituir el equilibrio. De manera que el desequilibrio que generas al aportar valor a los demás será equilibrado de algún modo. Uno de los más frecuentes —aunque no el único, insisto— es a través del dinero.

Puedes entrenarte en este concepto preguntándote cada vez que encuentres a una persona o empresa que disfruta de abundancia económica de qué manera ha ofrecido valor a otras personas.

Lo mejor es que no tienes por qué estar de acuerdo con lo que hace o valorar si tú harías lo mismo. Lo que te propongo es simplemente que te acostumbres a preguntarte qué ha ofrecido esa persona o empresa a otros que los demás desean. Así te familiarizarás con esta idea al tiempo que incrementarás tu inteligencia financiera.

Una manera rápida y efectiva –aunque no la única– para aportar valor a otras personas es mediante un proyecto emprendedor. Si decides iniciar este camino, o mejorar los resultados que estás obteniendo, te recomiendo encarecidamente mis otras tres obras, que te ofrecerán información en este sentido: *Vivir sin jefe, El Sorprendedor* y *Misión Emprender.*

## 7. El dinero es energía vital

Para ganar dinero es necesario emplear tiempo. Siendo así, cada gasto equivale a una cantidad determinada de tiempo empleada para conseguirlo.

Imagina que trabajas y que tu ingreso neto es de 10 € por hora. Si compras una camisa de 50 €, en términos de energía vital te está costando cinco horas. Sencillo, ¿verdad?

Mi planteamiento es que hasta que no seas independiente financieramente (el momento en el que no necesites trabajar para pagar tu estilo de vida actual) calcules los gastos en términos de tiempo. Prepárate a descubrir un mundo nuevo.

> El dinero es, en cierto modo, tiempo acumulado.

Por eso, hasta que no controlas tus finanzas, no dispones de control sobre tu tiempo. Y mientras esto suceda, posiblemente alguien tendrá control sobre tu vida.

La película *In Time* –te la recomiendo– nos propone una distopía en la que se ha conseguido que las personas puedan vivir indefinidamente. Cada persona lleva un reloj incorporado en su brazo que muestra la cantidad de tiempo que le queda disponible. Cuando el contador llega a cero, la persona muere. Lo interesante es que ese contador se recarga trabajando. Es decir, que las personas en lugar de ganar dinero cuando trabajan lo que ganan es tiempo. No se puede decir más claro.

# 5.
# Mitos sobre el dinero

«El sordo cree que los que bailan están locos.»

JORGE BUCAY

¿Sabes cómo capturan monos en la selva? La forma en que se hace nos brinda una poderosa metáfora para comprender cómo funcionamos los seres humanos en algunas circunstancias.

El cazador sitúa una jaula con algún alimento en su interior. La jaula dispone de un agujero redondo por donde cabe el puño del animal. Tan pronto como el mono percibe el suculento manjar en el interior de la jaula introduce su mano y agarra fuertemente el cebo.

Sin embargo, el angosto diámetro del agujero impide al mono sacar la mano de la jaula a menos de que suelte el premio. Lo curioso es que el mono no se desprende del alimento. El apego a lo que ya tiene –aunque en realidad no lo tiene, puesto que no lo puede disfrutar– es lo que lo retiene junto a la jaula y lo conduce finalmente a ser apresado.

A los humanos nos sucede algo parecido: nos horroriza la incertidumbre y preferimos aferrarnos a una idea, trabajo o relación, aunque no funcionen, antes que enfrentarnos al vacío.

Funciona con una precisión matemática. Todo lo material

tiene lugar en lo inmaterial; por tanto, los problemas con el dinero tienen origen en ideas o creencias que simplemente no funcionan para los resultados que deseamos.

> **Los problemas de dinero no se solucionan con dinero: solo se solucionan con ideas nuevas.**

Estos son algunos de los mitos frecuentes sobre el dinero.

## MITO 1: Si tengo dinero, es que hay alguien que no lo tiene
**VERDAD: El dinero es ilimitado en el mundo**

El dinero que puede crearse en el mundo es –al menos teóricamente– ilimitado. Por tanto, el hecho de que alguien tenga dinero no significa que otro deje de tenerlo.

No tienes por qué sentirte mal en absoluto por disponer de abundancia económica, siempre que su origen sea legítimo obviamente.

Algunas personas se sienten mal cuando tienen más dinero porque creen –erróneamente– que, si lo tienen, es porque hay otros que no lo tienen.

Nadie sabe con exactitud cuánto dinero hay hoy en el mundo, pero sea el que sea, mañana habrá más, porque los bancos comerciales crearán más durante el día de hoy.

Cuando nuestro paradigma sobre la vida es en términos de escasez, creemos que, si alguien tiene algo, es porque otro no lo tiene. O peor aún: si el otro tiene algo, es porque yo no lo tengo.

Pensar que el hecho de que alguien tenga dinero está impidiendo que tú lo tengas es como pensar que el hecho de que alguien se lleve bien con su mejor amigo está impidiendo que tú te lleves bien con tus amigos.

El suministro de amistad es ilimitado en este mundo, como también lo es el suministro de dinero y de abundancia.

Es importante que entiendas bien esto antes de seguir.

Como cada día los bancos crean más dinero, cada día hay más dinero en el mundo y, por tanto, no tienes por qué sentirte mal por tenerlo ni pensar que se lo estás quitando a nadie.

Tampoco debes sentir envidia ante el hecho de que otros tengan dinero, ya que eso no tiene por qué afectar a tu capacidad de crearlo.

En cierto modo es paradójico porque, aunque hay más dinero en el mundo cada día, la pobreza no acaba de remitir completamente. La razón es que los problemas de dinero no se solucionan con dinero, sino con ideas nuevas.

> El suministro de amistad es ilimitado en este mundo, como también lo es el suministro de dinero y de abundancia.

## Cómo se crea el dinero

Según un estudio de Positivemoney.com solo el 13 % de las personas sabe que el dinero es creado por los bancos comerciales y casi el 80 % cree que lo crea alguna entidad pública nacional.

Muchas personas creen que el dinero es una especie de recibo del oro que un banco custodia en algún sótano blindado.

El patrón oro que implicaba que detrás de cada moneda había cierta cantidad de oro custodiado por alguna entidad gubernamental se abandonó hace mucho tiempo.

Hoy en día el dinero es fiduciario o, lo que es lo mismo, está basado netamente en la confianza. Esto significa que el dinero que hay en tu bolsillo solo tiene valor como consecuencia de que todos hemos acordado que tiene algún valor. En cierto modo es como si fuera magia.

El dinero es pura confianza y no está referenciado a una cantidad de lingotes de oro custodiados en algún sótano húmedo.

Comprender que el dinero en un sentido literal no es nada y, a la vez, potencialmente, lo es todo lo convierte en algo misterioso.

Vamos a entender cómo funciona esto en la práctica. Si te diriges a tu banco para solicitar un préstamo y llegan a la conclusión de que se lo vas a devolver, y te prestan una cantidad, esta se crea de la nada y se te entrega. Simplificando, es prácticamente como si le dieran a la tecla de imprimir en una impresora.

En realidad no se crea de la nada porque han de tener un porcentaje muy pequeño del dinero que te prestan, pero es tan pequeño que para simplificar se podría decir que es casi de la nada. Es como si le dieran a la máquina de imprimir billetes… Escalofriante y sorprendente, ¿cierto?

En realidad, no es del todo cierto que te dejan el dinero de otra persona. Solo te prestan una parte pequeña del dinero de otra persona, pero lo es en un porcentaje tan pequeño (pueden prestar muchas veces cada euro que tienen en caja) que prácticamente se podría decir que cuando el banco te presta dinero lo está creando de la nada.

En el sistema monetario actual, el dinero que hay no está limitado porque se crea en forma de deuda cuando alguien solicita un préstamo. Te invito a que te formes sobre este asunto de cómo se origina porque abrirá tus ojos a un mundo nuevo lleno de posibilidades.

Esa es precisamente la razón por la cual nunca encontrarás información sobre este asunto en un telediario o informativo. Te invito a que te tomes el tiempo que necesites antes de seguir leyendo para entender este concepto de que el dinero está basado en la confianza y de que cada día se crea dinero nuevo basado únicamente en la confianza cada vez que un préstamo es concedido.

Hazlo y probablemente cambiarás tu concepción sobre el dinero para siempre.

---

Tres referencias fáciles para entender cómo se crea el dinero:
- Documental *Zeitgeist 2*
- Libro *Tu segunda oportunidad*
- Documental *The hidden secrets of money* en YouTube

---

El dinero no es un juego de suma cero, como, por ejemplo, el fútbol, donde si un equipo gana, el otro necesariamente pierde. El dinero es un juego de suma diferente a cero donde el hecho de que uno tenga algo no implica que otro no tenga.

Un juego de suma diferente a cero significa que ambos equipos pueden ganar el partido. O ambos pueden perderlo. Comprender bien esta idea lo cambiará todo.

El dinero generado aportando valor enriquece a sus propietarios y a la sociedad. Necesitamos imperiosamente incorporar esta idea a nuestras vidas para poder disfrutar de una sociedad verdaderamente próspera y abundante en el sentido más profundo del término, que supera, por supuesto, lo económico.

El dinero incrementa su capacidad de generar riqueza cuando está en circulación, ya que cuando lo bloqueamos no genera riqueza ni para el que lo tiene ni para el que deja de recibirlo.

El siguiente cuento ilustra esta idea:

Había un pueblo en el que varias familias tenían diferentes necesidades que no podían cubrir. No sabían qué hacer y solo estaban esperando a que sucediera algún milagro. Entonces un día llegó un foráneo. Esta persona se dirigió a la pensión del pueblo y pagó con un billete de cien euros su estancia y manutención durante dos jornadas para poder así descansar del largo viaje que estaba realizando.

El propietario del hotel, contento por haber conseguido por fin algo de efectivo, decidió pedirle a la electricista del pueblo que le arreglara una instalación de su casa que llevaba estropeada algunos meses y le ofreció hacerlo por los 100 € que había recibido.

La electricista llegó a casa y, emocionada como estaba de que por fin alguien la hubiera contratado para ofrecer sus servicios, le compró la bicicleta que tanta ilusión le hacía a su hijo a la mañana siguiente.

La bicicleta llevaba tanto tiempo en el escaparate que en cuanto la vendió, el responsable de la tienda de deportes del pueblo decidió emplear los cien euros que acababa de recibir en contratar el servicio de algún profesional que pudiera darle formación sobre qué tenía que hacer para que esa venta que acababa de hacer se repitiera muchas más veces.

Entonces llamó a su amigo, regente del hotel, para preguntarle quién podría ayudarle con ese asunto. El propietario de la fonda había trabado buena amistad con su cliente después de dos noches de estancia y sabía que el foráneo que estaba en la fonda era experto en ventas y marketing para pequeños negocios.

Así que el propietario de la tienda de bicis contrató una asesoría por cien euros, que fue la cantidad que le pidió, y al día siguiente recuperó en su primera venta por Internet los cien euros que le había pagado al experto por su formación de marketing. Y así fue como el forastero se marchó del pueblo con sus mismos cien euros. Aunque todos los vecinos eran más ricos y abundantes ya que tenían la instalación eléctrica reparada, una bicicleta más en el pueblo, conocimiento de marketing... y, además, otros cien euros nuevos en el pueblo.

Por su parte el forastero se marchó con el mismo importe con el que había llegado en el bolsillo, pero habiendo disfrutado de un par de noches de hotel.

El dinero es solo una forma de energía y, siempre que haya sido creado aportando valor a otras personas, disfrutarlo y ponerlo en circulación conscientemente enriquece a todo el conjunto de la sociedad.

Cada vez que gastas una cantidad, estás desencadenando una cascada de riqueza real, ya que estás permitiendo que muchas personas puedan hacer realidad sus sueños.

Sentirse culpable por disfrutar de una vida económica abundante es tan irrazonable como sentirse culpable por disfrutar de una buena relación con tu pareja o familia y pensar que hay otra pareja o familia que no goza de una buena relación porque tú has acaparado el buen rollo del planeta y te has quedado con su parte.

Estamos tan condicionados a pensar que los recursos en el planeta Tierra son limitados que escuchar que el dinero es casi ilimitado puede resultar insólito. Sin embargo, si empleamos los recursos de la Tierra de manera responsable y consciente, el planeta es un suministrador ilimitado de riquezas porque su esencia es la creación y la abundancia.

Si usamos estos recursos de manera inconsciente, acabaremos con los recursos que la vida tan generosamente nos regala, pero cuando los empleamos para vivir con abundancia y de forma consciente estamos honrando a la vida.

## MITO 2: Las buenas personas no tienen dinero
## VERDAD: Si eres buena persona, el dinero lo amplificará

Posiblemente has observado que hay quien no se comporta correctamente y que, sin embargo, tiene dinero.

También que muchos que ni roban ni se comportan mal con nadie, no disfrutan de esa riqueza, así que quizás has concluido que las buenas personas no tienen dinero.

Entiendo ese razonamiento, pero le faltan piezas.

En primer lugar alguien que consigue dinero de manera ilegítima nunca disfrutará de una vida verdaderamente abundante. Podrá tener dinero, eso es verdad, pero nunca podrá disfrutar de la verdadera abundancia, que va más allá del dinero. Pudiendo tenerlo todo en la vida, elegir quedarse solo con dinero me parece que es no haber entendido todo lo que la vida está dispuesta a ofrecernos.

La verdadera abundancia incluye dinero. Pero se puede tener dinero y no ser una persona abundante. La riqueza económica es solo un subconjunto de la abundancia.

Por otra parte, muchas personas se comportan fantásticamente y disponen de unos estupendos resultados económicos.

De hecho, la verdadera abundancia económica consecuencia de aportar valor a los demás solo se crea y se mantiene en el tiempo si mantenemos buenas relaciones con todas las partes implicadas (familia, sociedad, clientes, proveedores, etc...).

Es importante que nos pongamos de acuerdo en que ser pobre no te convierte en mejor persona; tampoco en peor persona, pero no disponer de recursos económicos posiblemente está dificultando que puedas ofrecer al mundo toda tu bondad.

Vivir pensando en cómo vas a pagar la factura de la calefacción o del colegio no deja mucho tiempo libre para que puedas ocuparte de la ecología del planeta, de saber cómo están tus seres queridos o de echar una mano en cualquier causa que verdaderamente toque tu corazón, es decir, dificulta que pueda aflorar la buena persona que llevas dentro. No lo hace imposible, pero lo dificulta.

Ser pobre no tiene nada de malo, pero limita terriblemente tus posibilidades de impactar en este mundo.

La abundancia económica permite no solo comer, beber y rodearse de los objetos que necesitamos, sino también ofrecer nuestra mejor versión al mundo al disponer de medios para poder hacerlo.

> El dinero utilizado con la intención adecuada se puede convertir en una herramienta de transformación excepcional.

Los desafíos que afronta la sociedad en este momento solo los podemos solucionar entre todos. La solución a los retos que afronta la humanidad en estos momentos está, lo sepamos o no, en las manos de cada uno de nosotros y para ello vamos a necesitar inteligencia, voluntad y colaboración, pero también dinero. ¡Cuento contigo!

**MITO 3: Los ricos son malas personas**
**VERDAD: Los ricos son humanos y, entre ellos,**
**hay buenas y malas personas**

La idea de que los ricos son malas personas de una u otra forma está en el imaginario colectivo. Un rico es sospechoso de algo, aunque no sepamos exactamente de qué...

No sé en qué momento aceptamos esta idea de que los ricos son malas personas, que por otro lado es igual de absurda que sospechar que los coreógrafos o los albañiles son malas personas.

Soy consciente de que nuestras ideas son con frecuencia tan solo una forma de justificar el descontento, y de que pensar en términos de buenos y de malos y tener alguien a quien culpar es algo que a lo largo de la Historia ha permitido lidiar con los malos momentos más amablemente.

Un descontento con un culpable claro es menos descontento.

Si los ricos son malas personas, ahora ya tienes una manera de explicar por qué tú no eres rico... ¡Porque eres buena persona; no como ellos!

Tendemos a compartir nuestra vida con quienes piensan de forma similar, lo que retroalimenta nuestras creencias y hace difícil cuestionarlas.

Lo semejante atrae a lo semejante. Y una de las consecuencias de estar con personas que piensan como nosotros es que tendemos a aceptar como válidas unas creencias determinadas. Ya sabes: dos opiniones solidarias forman una convicción.

Hay un experimento científico que demuestra hasta qué punto somos esclavos de las creencias arraigadas en el imaginario de nuestra familia o entorno y lo difícil que resulta escapar a este condicionamiento:

Un grupo de científicos colocó cinco monos en una jaula, en cuyo centro colocaron una escalera y, sobre ella, un montón de bananas. Cuando un mono subía la escalera para agarrar las bananas, los científicos lanzaban un chorro de agua fría sobre los que quedaban en el suelo.

Después de algún tiempo, cada vez que un mono iba a subir la escalera, los otros le pegaban una paliza, ya que no deseaban que los mojaran con agua fría.

Pasado algún tiempo más, ningún mono subía la escalera, a pesar de la tentación de las bananas. Entonces, los científicos sustituyeron uno de los monos.

La primera cosa que hizo fue subir la escalera, siendo rápidamente bajado por los otros y golpeado. Después de algunas palizas, el nuevo integrante del grupo ya no subió más la escalera.

Un segundo mono fue sustituido, y ocurrió lo mismo. El primer sustituto participó con entusiasmo de la paliza al novato.

Un tercero fue cambiado, y se repitió el hecho. El cuarto y, finalmente, el último de los veteranos fue sustituido.

Los científicos se quedaron entonces con un grupo de cinco monos que, aun cuando nunca recibieron un baño de agua fría, continuaban golpeando a aquel que intentase llegar a los plátanos.

Si hubiese sido posible preguntar a algunos de ellos por qué pegaban a los nuevos que intentaban subir la escalera, la respuesta posiblemente hubiera sido:

«No sé, las cosas siempre se han hecho así por aquí…».

Sé que tener criterio para, cuando es necesario, atreverse a cuestionar la forma en la que piensa tu entorno requiere de mucha valentía. Los seres humanos somos animales gregarios y nos gusta sentirnos aceptados, de modo que con frecuencia tendemos a dar como válidas las creencias de nuestro entorno sin someterlas a demasiado juicio.

Con esto no quiero decir que los ricos sean buenos o los pobres sean buenos. De hecho no es asunto mío juzgarlo, como tampoco lo es juzgar a los coreógrafos o a los albañiles. Hace tiempo que dimití de director general del Universo.

Sin embargo, hay algo que la experiencia me ha permitido comprobar y quiero compartir contigo: la mayoría de las personas que conozco que han conseguido abundancia económica han tenido que contar con la confianza de otras personas como socios, trabajadores, proveedores, clientes, jefes o familiares.

Sin la confianza de otros resulta muy complicado generar y mantener dinero ni cualquier otra cosa que merezca la pena en la vida.

Y la confianza de otros, cuando es sostenida en el tiempo, no es fruto de la casualidad. Hay que trabajársela y ganársela siendo coherente (armonía entre lo que sentimos y lo que hacemos), consistente (armonía entre lo que pensamos y lo que sentimos) y congruente (armonía entre lo que pensamos y lo que hacemos).

> Sin la confianza de otros resulta muy complicado generar y mantener dinero ni cualquier otra cosa que merezca la pena en la vida. Y la confianza de otros, cuando es sostenida en el tiempo, no es fruto de la casualidad.

Cuando las personas observan que hay coherencia, consistencia y congruencia entonces nos ganamos su confianza, algo clave para crear y mantener dinero.

Y la confianza, como ya sabes, no es fruto de la casualidad.

## MITO 4: Para ser rico hay que tener muchas posesiones
## VERDAD: Es más importante disfrutar que tener

Permíteme que comparta contigo uno de los conceptos clave de la abundancia. Se llama «estilo de vida». Durante años hemos creído que la riqueza consistía en acumular posesiones. Sin embargo, ahora ya sabemos que es más importante disfrutar del estilo de vida que tener propiedades u objetos a tu nombre.

Tenerlos no está mal, entiéndeme, pero si puedes disfrutarlos, tampoco es tan importante a nombre de quién consten en el registro.

En el imaginario colectivo se entiende que rica es aquella persona que tiene cosas: casas, coches caros o yates, por ejemplo. En mi imaginario y en el de cada vez más personas ser rico es fundamentalmente elegir qué hacemos con nuestro tiempo, junto a quién lo pasamos y decidir al servicio de qué proyecto o idea ponemos nuestro talento, mientras no nos preocupamos por el dinero.

Y, por supuesto, también poder disfrutar de todas esas cosas (casas, coches caros, yates) cuando lo deseamos, pero sin que tengan que estar necesariamente a nuestro nombre, y con la libertad que proporciona el no tener que comprar y administrar tantos átomos.

Tener cosas y disfrutarlas no es necesariamente lo mismo. Si de verdad puedes y quieres tenerlas, adelante con ello. Pero en último término, si alguien te pudiese garantizar que podrías disfrutarlas toda la vida…, ¿te importaría que no estuvieran a tu nombre?

Hay un nuevo paradigma de rico que se aproxima más a una persona que tiene acceso al estilo de vida que desea independientemente de que aquellos bienes materiales que disfruta estén a su nombre o no.

Estamos en el amanecer de la era del alquiler y del *pay-per-use* y en un mundo donde cada vez puedes disfrutar de más posibilidades sin necesidad de poseerlas, resulta cada vez menos sexy comprar o poseer objetos, salvo en casos de uso intensivo, de capricho salvaje o de posibilidad de comprarlos sin que tu bolsillo se inmute.

> Rico no es tanto quien tiene muchas posesiones —que posiblemente también—, como quien tiene fuentes de ingresos variables, recurrentes, escalables, delegables y pasivas que le dotan de efectivo regularmente para poder, posteriormente, comprar o alquilar aquello que necesita o que desea, no teniendo que emplear su tiempo en trabajar.

Por este motivo, te invito a que pongas el foco en tener fuentes de ingresos. Estas sí que las quieres a tu nombre. Y en alquilar las fuentes de gastos. Estas, sobre todo cuando empieces a crear tu independencia financiera, no debes quererlas a tu nombre.

> La idea es que cambiará tu vida si compras las fuentes de ingresos y alquilas las fuentes de gastos.

Te invito a que colecciones fuentes de ingresos y a que compartas tus avances con algún amigo a quien también le guste este juego. Es solo un juego; no lo olvides. Si no es divertido, no merece la pena.

> Un amigo me compartió en cierta ocasión algo que
> transformó mi vida: cada año –me dijo– incremento
> mi colección de fuentes de ingresos en al menos una.
> ¿Te imaginas cómo sería tu vida dentro de diez años
> si hicieses lo mismo?

Por tanto, la idea fundamental es que pongas el foco en disfrutar más que en tener.

La idea de que los ricos tienen y de que, por tanto, hasta que no tenga mucho no podré disfrutar de la vida como un rico, o de que tener es el pasaporte a la felicidad suprema deja fuera a muchas personas que, pudiendo disfrutar ya del estilo de vida que quieren, no lo hacen porque no saben que ya pueden hacerlo alquilando.

A muchas personas les fascinan los buenos automóviles. Sin embargo, comprar un vehículo de alta gama es quizás una de las decisiones menos inteligentes que puedas adoptar desde el punto de vista económico, salvo que tengas una economía que se lo pueda permitir sin inmutarse (luego aprenderás cuándo puedes hacerlo).

Pero el hecho de que aún no lo puedas tener no significa que no lo puedas disfrutar cuando lo necesites, o ciertos días al año, y que puedas hacer esto ya y hacerlo además y lo que es más importante sin hipotecar tu futuro. ¿Comprendes la diferencia?

Si pones el foco en disfrutarlo antes que en tenerlo, ¿qué importa si está a tu nombre o no?

Para la mayoría de la población comprar bienes de disfrute como barcos, casas de veraneo o automóviles constituye un error financiero que lastra, en ocasiones para siempre, su crecimiento financiero.

Hay un cálculo que, de hacerlo, puede provocar cambios en tu vida. Consiste en calcular el coste que tiene conducir ese coche, navegar en tu barco o disfrutar de esos días en la casa de vacaciones por cada jornada que verdaderamente lo usas al año. En la mayoría de las ocasiones la respuesta es indiscutible: es más interesante poner el dinero que cuesta ese capricho en alguna inversión y con el dinero obtenido alquilar ese capricho.

Es decir, que si eres lo suficientemente adulto como para no tener que presumir delante de nadie del coche o barco que tienes, y pones tu foco en coleccionar fuentes de ingresos en lugar de fuentes de gastos, las fuentes de ingresos te proporcionarán recursos económicos para alquilar las fuentes de gastos que en cada momento te apetezcan para poder gozar del estilo de vida que deseas.

> ¿Has empezado ya tu colección de fuentes de ingresos?

Diseña un estilo de vida para ti tal que, si un detective experto en millonarios te siguiera, tuviera problemas cuando elaborase el informe para dictaminar si lo eres o no lo eres. En la mayoría de los casos, para vivir el estilo de vida que deseamos, se necesita mucho menos de lo que creemos si en lugar de poner el foco en comprar se pone en crear fuentes de ingresos para después alquilar lo que deseamos.

Haz las cuentas y con la verdad que te arrojen los números llega a tus propias conclusiones.

## MITO 5: El dinero no es importante
## VERDAD: El dinero es importante para algunas cosas e inútil para otras

Si le dices a tu pareja que no es importante en tu vida una y otra vez, ¿qué crees que hará? ¡Exacto: marcharse! Si le dices a tu mejor amigo que no es tan importante para ti, puedes estar seguro de que tu amigo no permanecerá mucho tiempo a tu lado. Pues al dinero le sucede lo mismo. También tiene su corazoncito, y si no cuidas tu relación, acabará por marcharse con alguien que le tenga más aprecio que tú.

Curiosamente, quienes afirman que el dinero no es importante suelen ser los que más trabajan para conseguirlo. Al afirmar que no es importante lo que hacen es alejarlo.

Para gozar de una buena relación con el dinero es preciso que lo entiendas como una energía y que cuides tu relación con él de la misma forma que lo haces con tu pareja, familia, amigos o colegas profesionales.

Si quieres disfrutar de una buena relación con el dinero, es urgente que dejes de decirle que no es importante.

> Si eres de los que afirmas que el dinero
> no es importante, entonces no tienes mucho.
> Lo sé porque en nuestra vida solo permanece a nuestro lado
> aquello que consideramos valioso.

La relación que tienes con el dinero no es con el mucho o con el poco, es simplemente con el dinero, por eso es tan importante aprender a relacionarte bien con él cuanto antes, independientemente de la cantidad de la que dispongas en este momento.

El dinero es extraordinariamente valioso para algunas cosas. Según los autores de *Rich habits, poor habits*, el dinero elimina el 70 % de los problemas de la vida.

Y, sin embargo, el dinero es extraordinariamente inútil para otras cosas, quizá para ese 30 % restante, pero si te repites que no es importante, entonces puedes estar seguro de que el dinero no permanecerá a tu lado.

## MITO 6: Un trabajo me proporciona seguridad financiera
## VERDAD: Un trabajo solo proporciona cierta sensación de certidumbre

Empecemos por el principio: depender de una única fuente de ingresos no parece la opción más segura desde un punto de vista económico, aunque quizás es la más divertida o la que más significado aporta a tu vida.

Esto no lo explican en los colegios ni en los telediarios; sin embargo, si dedicas cinco minutos a reflexionar sobre esta idea, te darás cuenta de su fuerza. Aun así, no es nueva; tus abuelos ya lo sabían: no pongas todos tus huevos en la misma cesta.

Un trabajo puede ser interesante para aprender, conocer gente, aportar valor al planeta Tierra o a otras personas, divertirte, hacer vida social o incluso conseguir liquidez si tienes necesidad de dinero de forma inmediata, pero no para conseguir seguridad financiera a largo plazo.

La seguridad económica solo la puede proporcionar el disponer de activos que te proporcionen ingresos pasivos.

Entender esta idea puede cambiar los resultados que obtienes para siempre.

Te lo diré de otro modo: creo en aportar a la sociedad contribuyendo con nuestros dones y talentos. En este sentido un trabajo en la organización adecuada puede ser un modo excelente de hacerlo, pero creer que un trabajo puede proporcionarte seguridad económica parece una idea más bien exótica en este momento de la historia.

> **Depender de una sola fuente de ingresos desde el punto de vista económico no parece la mejor idea.**

Con esto no estoy diciendo que dejes tu trabajo, si es que lo tienes. Si amas tu trabajo, quizá quieras conservarlo porque la vida es demasiado corta como para dejar de hacer las actividades que te apasionan, pero quizá quieras empezar a construir fuentes de ingresos alternativas mientras estás en ese trabajo.

Sin embargo, la situación es especialmente grave para tu economía si además permaneces en un trabajo que no amas de manera indefinida. No hemos venido a esta vida a pasar horas desarrollando un trabajo que no deseamos en empresas cuyos valores no compartimos. Y tú y yo sabemos que esto es así porque cuando escuchamos la verdad en seguida la reconocemos.

No podrás llevar una vida verdaderamente abundante trabajando solo a cambio de dinero. Primero porque no podrás ser verdaderamente bueno en ello y segundo porque, aunque lo llegaras a ser, dentro de ti habría cada día una vocecita que te atormentaría recordándote que estás desperdiciando tu vida al no contribuir al mundo de la forma en que deberías hacerlo.

Hay un cuento popular que habla de una familia que malvivía en una casucha, a punto de derrumbarse y de apenas diez metros cuadrados en el pueblo más pobre de toda la región. Era una familia tremendamente pobre salvo por una única posesión y que era la que verdaderamente mantenía la familia: una vaca. La vida de todos ellos era posible gracias a la exigua cantidad de leche que esta les proporcionaba y que les permitía ir tirando.

Un día llegó un maestro muy sabio a esta localidad y se enteró de la triste historia de esta familia que apenas tenían para alimentarse salvo por aquello que les proporcionaba la vaca. Esta familia le dio alojamiento y, tras pasar toda la noche con ellos, temprano por la mañana tomó una decisión para ayudarlos: se dirigió a la vaca, la llevó hasta un precipicio, la empujó y desapareció del pueblo.

El maestro se fue del pueblo y no regresó hasta un año después. Cuando fue al lugar donde estaba la chabola no la encontró: allí había una casa enorme y nueva. Donde antes había una familia vestida con andrajos, ahora había una familia bien vestida, así que el maestro decidió hablar con ellos un año después.

Cuando el hombre abrió la puerta pronto le contó que al día siguiente de su última visita un malhechor les robó la vaca y que aunque al principio sintieron la desesperación y la desesperanza, decidieron cultivar el terreno para poder alimentarse. Pronto esa plantación generó excedentes que pudieron vender en el mercado. Con ese dinero compraron maquinaria, alquilaron otros terrenos y volvieron a plantar otra cosecha que les permitió construir una casa nueva, tener ropa nueva y alimentarse correctamente.

Pronto el hombre le confesó que la desaparición de su vaca había sido la mayor bendición de su vida, al darle la oportunidad de comenzar de nuevo y empezar a construir un futuro más brillante.

## MITO 7: Estudiar una carrera me proporcionará seguridad financiera
## VERDAD: Una carrera no te enseñará casi nada sobre dinero

Me produce cierta ternura que a estas alturas alguien todavía piense que estudiar una carrera le puede proporcionar seguridad financiera. El pack completo compuesto de «titulación universitaria + trabajo estable + hipoteca + afición por las tardes + jubilación pagada por el Estado» es una fórmula caduca cuya ineficacia ya ha quedado probada, especialmente en el plano económico, como probablemente ya habrás observado.

> El pack completo compuesto
> de «titulación universitaria + trabajo estable
> + hipoteca + afición por las tardes
> + jubilación pagada por el Estado»
> es una fórmula caduca cuya ineficacia
> ya ha quedado probada.

Ya es oficial: la mayoría de las universidades son una máquina de producir personas perfectamente preparadas para un mundo que ya no existe. Mientras el mundo cambia a velocidad exponencial, gran parte del mundo universitario sigue anclado a unos esquemas decimonónicos que le permiten crear técnicos pero no personas capaces de gestionar su dinero. Y este desacople no para de incrementarse.

Durante muchos años hemos vivido con una confianza ciega en una fórmula y ahora empezamos a darnos cuenta de que posiblemente este modelo ya no funciona.

En este nuevo contexto de volatilidad, incertidumbre, complejidad y ambigüedad, muchas personas empiezan a darse cuenta de que el modelo por el que apostaron se ha demostrado incompetente.

En realidad nunca funcionó del todo bien: muchas personas cambiaron sentido y significado en sus vidas por seguridad, y eso es algo que han lamentado después. Hoy la elección es mucho más fácil. Como ya no hay seguridad, la única elección posible es la apuesta por el significado.

Así están las cosas con respecto a la fórmula del pack completo:

*Una titulación universitaria* no es garantía de nada salvo de que completarás muchos exámenes que corregirán profesores que mayoritariamente viven exiliados de la realidad. La Universidad ha fallado en muchas de sus funciones, pero definitivamente ha fracasado estrepitosamente en la de proveer cierta educación financiera para que sus asistentes puedan convertirse en ciudadanos libres.

*Los trabajos estables* para toda la vida son una reliquia del pasado que previsiblemente no va a volver en las próximas décadas. Ninguna empresa medianamente honesta podrá prometer estabilidad cuando ni siquiera tiene su supervivencia garantizada en un entorno que cambia continuamente.

¿Recuerdas cuando Nokia parecía la empresa invencible de las comunicaciones? ¿Recuerdas Kodak, el gigante de la fotografía? En un entorno de cambio permanente la incertidumbre es lo único garantizado.

Suele hablarse con cierta morriña de que la estabilidad laboral ha desaparecido con cierta morriña. Pero no se habla de las personas a las que nunca les apeteció tanto el plan de pasarse toda una vida fichando en la misma empresa de lunes a viernes a cambio de un salario acordado en un convenio colectivo, y al margen del nivel de desempeño de cada persona.

La seguridad es un valor interesante –a mí personalmente me gusta– pero para muchas personas el aprendizaje, la libertad o la coherencia son valores superiores y de esto, aún no he averiguado la razón, no suele hablarse tanto.

Te invito a que generes tu propia opinión al respecto y determines cuáles son los valores importantes en tu vida. Creo que es esencial hacerlo más allá de lo que cualquiera pueda indicarte. La claridad de valores te proporcionará lucidez y te permitirá adoptar mejores decisiones.

En cualquier caso todo parece indicar que la estabilidad laboral se quedará relegada a las vitrinas de los museos, donde podremos observar contratos laborales fijos.

Personalmente –puedes llamarme clásico si quieres– creo en las relaciones para toda la vida, también en las profesionales, pero no creo que eso pueda regularse a través de un contrato laboral.

El contexto económico hace desaparecer empresas que parecían estables y genera nuevas empresas en períodos de tiempo antes inimaginables. En este contexto, un contrato para toda la vida es algo desajustado a la realidad.

*En cuanto a las viviendas*, creo en tener una casa en propiedad o activos que permitan pagar el alquiler de una, pero no creo en hipotecar con deuda mala (la que pagas tú) los mejores años de mi vida. Más adelante aprenderás la diferencia entre deuda mala (la que pagas tú) y deuda buena (la que paga alguien que no eres tú) para saber cuándo hipotecarse y cuándo no.

*Y en cuanto a la jubilación*, sigue siendo un tema tabú que los políticos no se atreven a abordar. Por muchas causas, la edad de jubilación se tendrá que retrasar cada vez más y la retribución será necesariamente menor, así que te auguro malas noticias si eres de los que esperan que podrán mantener su estilo de vida con la pensión del Estado, porque irremediablemente la edad de jubilación será cada vez mayor y la retribución será cada vez más exigua.

Y llegados a este punto, muchos dicen: «entonces ¿en qué creo?».

Ahora viene la buena noticia. La respuesta es siempre la misma: por fin ha llegado el momento de creer en ti, en tus capacidades y en las personas que deseen aprender y crecer y tomar responsabilidad, como tú.

Cada vez más personas se han dado cuenta de que el Nuevo Paradigma Laboral ha venido para quedarse y de que este sistema es más transparente, y por ello tal vez más justo.

Se nota en seguida quién aporta y quién no aporta valor y esto lo está cambiando todo profesional y económicamente. Nadie puede hacer los deberes por ti: cada persona tiene que adoptar su responsabilidad en lo que a su vida se refiere. Y el precio por no hacerlo será cada vez más alto.

Hay un Nuevo Paradigma Laboral que ha venido para quedarse y que ofrece sus oportunidades. Participar en cualquier juego conociendo las reglas lo hace todo mucho más fácil.

Siete referencias para entender el Nuevo Paradigma Laboral:
- Vídeos (2) en YouTube sobre *El nuevo paradigma laboral,* de Sergio Fernández
- Libro *Funky business*
- Libro *Del capitalismo al talentismo*
- Libro *Futurizable*
- Libro *Una nueva mente*
- Vídeos en YouTube del programa *Cuando yo no esté,* de Iñaki Gabilondo
- Libro *Homo Deus*

## MITO 8: Para ganar dinero hay que trabajar duramente VERDAD: Cuanto menos ganas, más duro es ganar ese dinero

He observado que algunos hacen una rápida regla de tres y calculan que, si para ganar mil euros por mes hay que trabajar lo que trabajan, para ganar diez veces más, tendrán que trabajar diez veces más.

Conclusión: no les interesa ganar más dinero.

Puedo entender que lleguen a esa conclusión. La experiencia demuestra, sin embargo, que a medida que desarrollamos las habilidades para aportar valor a otras personas, cada vez cuesta menos intensidad horaria y esfuerzo ganar la misma cantidad de dinero.

De hecho, como la verdadera abundancia está reñida con el esfuerzo, a menos esfuerzo mayor abundancia, también económica. Menor esfuerzo no significa necesariamente menos horas, aunque posiblemente también.

Es contra-intuitivo, pero es así como funcionan las cosas. La vida no quiere que luches. Por tanto, cuando lo haces, los resultados que obtienes son mediocres. La vida quiere que trabajes y que lo pases en grande, por eso cuando dejas de esforzarte y empiezas a poner tu talento en funcionamiento, a estar permeable al aprendizaje y a aportar valor a los demás el resultado es cada vez mejor, también en lo económico.

En resumen: no hay que trabajar más duramente, sino ofrecer nuestro talento, abrirnos al aprendizaje y aportar más valor a otras personas. Eso es todo.

La verdadera abundancia no requiere de esfuerzo, sino de gozo y de entrega.

> La vida no quiere que te esfuerces; por tanto, cuando lo haces, los resultados que obtienes son mediocres. Cuando empiezas a poner tu talento en funcionamiento, a estar permeable al aprendizaje y a aportar valor a los demás, el resultado es cada vez mejor, también en lo económico.

**MITO 9: Para ganar dinero hay que tener dinero**
**VERDAD: El dinero se crea en la mente**

¿Qué pasaría si todo el dinero del mundo se distribuyera mañana a partes iguales entre todos los habitantes del planeta? ¿Lo has pensando alguna vez?

Lo que probablemente sucedería es que transcurrido un tiempo –poco, seguramente– el dinero volvería a estar distribuido de manera similar a la actual. Habría algunos cambios, por supuesto, pero en una fotografía desde lejos apenas se apreciarían diferencias.

De cara a mejorar los resultados económicos, no importa

tanto el punto de partida, aunque indudablemente influye, como una mentalidad determinada.

La prosperidad económica es consecuencia de un estado mental, de una forma de ver la vida, de una manera de interpretar los acontecimientos y de responder ante ellos, mucho más que de tener un saldo en el banco, por mucho que esto pueda ayudar o frenar.

El dinero se crea en la mente.

Conozco a varias personas prósperas que han perdido todo su dinero en algún revés de la vida. Y siempre pasa lo mismo: una persona próspera que pierde su dinero lo vuelve a generar pasado un tiempo, porque la prosperidad es una plantilla que, una vez que se conoce, se puede repetir. De la misma manera, una persona con mentalidad de escasez perderá cada euro que entre en sus bolsillos.

Del mismo modo que una vez que aprendes a cocinar una receta, puedes cocinarla muchas más veces, una vez que aprendes a ganar cierta cantidad de dinero, puedes volver a hacerlo tantas veces como quieras.

# 6.
# Dos mundos diferentes

«Algún dinero evita las preocupaciones y mucho las crea.»

CONFUCIO

«Solo los imbéciles no cambian de opinión cuando cambian las circunstancias.»

JUAN MANUEL SANTOS

Si alguien se sienta en un banco en la calle y se pone a observar a las personas que pasan, a simple vista podría concluir que todas habitan en el mismo mundo.

Nada más lejos de la realidad. Cada persona está habitando un mundo diferente, consecuencia de la interpretación que hace de lo que le rodea.

El problema radica cuando no nos damos cuenta de esto y pensamos que todos estamos habitando el mismo mundo. Esta hipnosis materialista conduce directamente a pensar que solo hay una interpretación de la realidad y a concluir, falazmente, que todos habitamos en la misma realidad.

Lo cierto es que es nuestro pensamiento el que, al interpretar la realidad, nos lleva a habitar un mundo u otro. Por eso cada persona, como cada sociedad, vive en un plano de realidad perfectamente coherente con el tipo de pensamientos y creencias que sostiene.

Todo lo material se genera en lo inmaterial, y el dinero y la riqueza no son una excepción a este principio.

No puedes seguir pensando de la misma manera y esperar que tus resultados económicos mejoren. Eso, sencillamente, no es posible. Cada nivel de pensamiento está en coherencia con un nivel económico determinado.

> **No puedes seguir pensando de la misma manera y esperar que tus resultados económicos mejoren.**

Aunque observando desde un banco en la calle podría parecer que quienes obtienen buenos resultados económicos piensan y actúan como cualquier otra persona, lo cierto es que lo hacen de manera muy distinta.

Por eso sus resultados son radicalmente diferentes.

Estas son algunas de las actitudes que siguen, sabiéndolo o sin saberlo, los que manifiestan buenos resultados económicos.

> **Todo lo material se genera en lo inmaterial, y el dinero y la riqueza no son una excepción a este principio.**

## 1. Juegan para ganar (en lugar de jugar para no perder)

Veamos algunos ejemplos para comprender la diferencia:

Una persona tiene un trabajo que no le satisface, pero que le da dinero. Como cree que vivimos en un universo escaso adopta decisiones para no perder el empleo que tiene (jugar para no perder). Si creyera que habitamos en un universo abundante, tomaría decisiones para mejorar su situación profesional (jugar para ganar).

Una persona tiene algunos ahorros y no invierte en una formación que le permitiría adquirir habilidades nuevas porque piensa más en qué pasará si la formación no cumple con sus expectativas (jugar para no perder) que en lo que sucederá cuando aplique lo que va a aprender (jugar para ganar). Eso hace que esta situación se cronifique en el tiempo.

Alguien desea enamorar a la persona de sus sueños pero no muestra su interés por miedo a quedar en ridículo (jugar para no perder), en lugar de abrir su corazón y mostrarse vulnerable y abierto a lo que pueda suceder (jugar para ganar).

¿Comprendes la diferencia entre jugar para ganar o jugar para no perder?

En el primer caso ponemos nuestros pensamientos y atención en evitar aquello que deseamos. En el segundo nos enfocamos en lograr aquello que queremos. Y aunque puede parecer que ambas actitudes se parecen mucho, lo cierto es que con el tiempo ofrecen resultados diametralmente opuestos.

> Jugar para no perder es una idea sustentada en que los recursos son limitados.

Jugar para ganar en lugar de jugar para no perder cambiará los resultados, pero respetando en todo momento el principio básico de la prudencia que afirma que solo nos podemos jugar todo aquello que podemos perder sin que ello nos elimine de la partida que estemos jugando.

## 2. Comprenden la diferencia entre deseo y compromiso

Hay una gran diferencia entre desear y comprometerse. El compromiso significa llegar a un acuerdo con uno mismo de adoptar la decisión adecuada, elegida y correcta en todo momento independientemente de las circunstancias y de mi estado de ánimo.

Desear algo está bien. El deseo es el principio de toda transformación, pero por sí mismo no origina ningún cambio.

Comprometerse genera tranquilidad y además, antes o después, ofrece resultados satisfactorios.

Comprometerse con algo significa hacerlo en el 100 % de las ocasiones. ¿Te gustaría un compromiso del 99 % de fidelidad de tu pareja?

No le des más vueltas: o estás comprometido con algo o no lo estás.

Aléjate de los deseos sin compromiso porque solo debilitan tu espíritu y tu autoestima. Soñar algo y no hacer nada al respecto te debilitará. Soñar algo y adoptar un compromiso firme te fortalecerá.

> Soñar algo y no hacer nada al respecto te debilitará. Soñar algo y adoptar un compromiso firme te fortalecerá.

## 3. Admiran la abundancia ajena

Te invito a que sientas alegría verdadera cada vez que observes cualquier forma de abundancia. Si ves el coche de tus sueños, alégrate por su propietario. Haz lo mismo cuando veas a una persona que disfruta de una excelente relación de pareja, de grandes amistades, de una salud de hierro o de un incremento en sus ingresos.

Con este sencillo gesto estarás sembrando más abundancia para todos en este planeta; pero sobre todo para ti. Gracias de antemano.

Un principio básico de abundancia afirma que solo puedes tener aquello por lo que sientes auténtica alegría en otras personas. Si no te alegras de que otro tenga algo, entonces tú tampoco podrás tenerlo.

¿Comprendes ahora por qué tantas personas viven sin abundancia económica?

La envidia destruye la posibilidad de éxito en la vida de millones de personas cada día: un pequeño drama que muchos practican sin ser conscientes del potencial destructivo que tiene sobre sus vidas.

Aquello que sientas ante la abundancia ajena será lo que experimentarás en tu vida. Si sientes alegría de corazón, tu vida se llenará de abundancia. Si sientes envidia, estarás impidiendo que se manifieste en tu vida aquello sobre lo que sientes envidia.

Tómate el tiempo que necesites para entender bien esta idea y las consecuencias que ha tenido sobre tu vida.

Sentir rencor hacia quien tiene no es tarea tuya; recuerda que si hay algo oscuro en su riqueza, es tarea de la vida corregirlo y no tuya. Y puedes estar seguro de que la vida cumplirá con su tarea.

Cada minuto que pasas juzgando la vida de los demás es un minuto que no estás construyendo tu propia vida. ¿Te has dado cuenta ya de que cuanto más interesante es tu vida menos interesante te parece juzgar la vida de los demás?

La propuesta es muy sencilla: alégrate cada vez que le marche bien a una persona. Y quizá te estés preguntando: ¿y qué pasa si no me alegro de manera natural?

La solución es tan sencilla que te va a entusiasmar: finge que te alegras de la abundancia ajena hasta que no tengas que fingirlo. Finalmente, la admiración terminará por aparecer naturalmente. Así de sencillo.

Con algo de práctica comprobarás que terminarás alegrándote de la abundancia ajena al por mayor y el día que eso pase habrás abierto la puerta para que el dinero empiece a fluir hacia ti.

Y, por último, añado un ejercicio adicional, por si eres de los que van a por el sobresaliente: comunícale a la persona en cuestión tu admiración. Además de que este ejercicio por sí mismo es probablemente una fuente de anécdotas memorables, mejorará tus resultados, porque cualquier idea verbalizada cobra más fuerza.

> Solo puedes tener aquello por lo que sientes auténtica alegría al verlo en otras personas.

## 4. Aman vender

Con frecuencia al terminar las formaciones que ofrecemos, alguien me pregunta qué estudiar o si yo estudiaría tal o cual profesión, normalmente porque cree que no podrá ganar dinero en ese ámbito.

Mi respuesta siempre es la misma: aprende a vender y a montar negocios, y después estudia lo que ames porque la vida es demasiado corta para hacer algo que no amamos.

Se puede ganar dinero en cualquier industria o profesión

siempre que se tengan las habilidades de ser emprendedor y de vender.

No falla: alguien que obtiene buenos resultados económicos probablemente ama vender.

Si quieres ganar más dinero, necesitarás vender. No es tan importante la industria en la que quieres aportar valor como si dispones de la capacidad de vender.

Es fácil de recordar: si quieres más dinero, entonces tendrás que ofrecer valor a alguien. Y para que otro pueda disfrutar de ese valor necesitas venderlo.

Vender es un requisito previo para la abundancia económica.

Quizá no te gusta vender porque lo asocias a engañar, presionar, intimidar o molestar a alguien. Permíteme que aclaremos algo importante: vender no es asediar ni tampoco incomodar o aprovecharse de la necesidad o ignorancia de otra persona.

Vender es generar o aprovechar oportunidades, cruzar la oferta con la demanda, encontrar la manera de ofrecer algo a una persona que quiere o necesita algo. Vender es encontrar el modo de que el cliente que te entrega una cantidad de dinero a cambio de algo se lleve más de lo que espera.

En realidad vender es como hacer magia porque permite que dos partes hagan un intercambio y que ambas salgan ganando. Todo lo que no se ajuste a esta premisa no es vender. Se le puede parecer mucho pero no lo es.

Todo esto se resume en lo siguiente: vender es servir.

Encárgate de entregar valor y permite que el universo pague las facturas. Y para entregar valor necesitarás antes o después aprender a vender.

> **Vender es un requisito previo para la abundancia económica.**

## 5. Aman aprender

Simplificando enormemente, podemos decir que en la vida podemos enfrentarnos a cada situación desde el saber o desde el aprender.

Vivir desde el saber implica asumir que los acontecimientos simplemente suceden al azar y que muchos de ellos, además, no deberían ocurrir. Vivir desde el saber es tanto como decir que tú tienes la fórmula exacta que explica cómo es la vida, y que cuando la vida no se ajusta a tu fórmula, es la vida la que está equivocada. Aunque sabemos que en las luchas con la vida solo puede haber un ganador y que la vida nunca pierde, aun así creemos saber más que la vida...

Vivir desde el saber implica soberbia (lo contrario a la humildad) y cerrarse a incorporar ideas nuevas. Vivir desde el saber te empobrecerá primero a ti como persona, y después a tu bolsillo, porque la verdadera abundancia —que incluye la económica— implica estar abierto permanentemente a aprender de las diferentes situaciones de la vida.

Por otra parte, vivir desde el aprender implica contemplar cada acontecimiento de tu vida como una oportunidad para crecer, y convertirá tu viaje en esta vida en algo apasionante. Ser un eterno aprendiz te permitirá disfrutar de cada instante. Vivir desde el aprender convertirá cada momento en una oportunidad de desarrollo, y te permitirá estar receptivo a nuevas ideas, enfoques y personas, algo que necesitarás para mejorar tus finanzas.

Vivir desde el aprender convertirá tu paso por aquí en algo prodigioso porque pronto te darás cuenta de que aprender no solo implica leer un libro o asistir a formaciones, lo cual es evidente y necesario, sino sobre todo estar atento a la forma en la que la vida se comunica contigo a través de señales, personas y acontecimientos. Vivir desde el aprender te permitirá estar vivo y en transformación, incorporando nuevas ideas, abierto a jugar la partida de la vida con gozo y confianza, porque sabrás que lo que sea que necesites aprender en cada momento la vida te lo proporcionará. Vivir desde el aprender te mantendrá en una actitud agradecida y receptiva.

Sostengo que la raíz de los problemas de la vida suele estar en la ignorancia. Si ante cada problema o reto que encontramos en la vida nos preguntáramos qué necesitamos aprender y cómo podemos aprenderlo, los resultados serían diferentes. Y esta es mi invitación: no importa lo que sepas hoy. Lo importante es lo que estés dispuesto a aprender. Esto es vivir desde el aprender.

¿Recuerdas la fábula de la liebre y la tortuga de Esopo? Pues vivir desde el aprender para mí es adoptar la actitud de la tortuga y dar cada día un paso, poco a poco, porque con esa actitud finalmente acabamos por aprender lo necesario para poder enfrentar los retos que la vida nos propone. Cada día un paso. Solo eso, y antes o después llegaremos a la línea de meta.

> Si ante cada problema o reto que encontramos en la vida nos preguntáramos qué necesitamos aprender y cómo podemos aprenderlo, probablemente los resultados serían diferentes.

## 6. Ponen el foco en crear sistemas

Es probable que de niño tus familiares te preguntasen: «¿De qué quieres trabajar de mayor?» en lugar de «¿Qué tipo de fuentes de ingresos pasivos quieres crear?».

Veamos cuál es la diferencia entre trabajar y crear sistemas. Trabajar es ir del pueblo a la fuente que está en la montaña a por agua y cobrar a los vecinos por el agua que les entregas. Entregas valor y cobras por ello. Esto es fantástico. Crear sistemas es trabajar para crear una tubería, y después cobrar a los vecinos que deseen tener agua potable. Como entregas más valor a los vecinos y más veces durante el día, puedes cobras más y también más veces. Siempre funciona de la misma manera: te pagarán más si entregas a más personas aquello que más desean.

No es lo mismo levantarse por la mañana buscando cómo podrías construir más cañerías que pensando en quién podría pagarte por llevar un cubo de agua. Y los resultados antes o después tampoco serán los mismos.

La mayoría de nosotros hemos sido educados durante años para pensar que la manera de ganar dinero es llevando cubos de agua.

No recuerdo una sola asignatura en todos mis años de estudiante en la que se mencionase la importancia de crear sistemas para generar fuentes de ingresos pasivos. Sí que recuerdo, sin embargo, constantes apelaciones a lo mal que lo pasaríamos en el mercado laboral, algo que ha condicionado a muchos de por vida.

Lo más probable es que desde niño hayas recibido, de manera más o menos directa, la idea de que lo correcto es aprender una profesión y después pasarse décadas ejerciéndola.

Esta fórmula está bien, pero aquí hablamos de mejorar tus resultados económicos. Y la manera de hacerlo es creando sistemas que generen ingresos pasivos, al margen de que además dediques tiempo a generar ingresos.

Tu tiempo es tu recurso más limitado y por tanto el que más debes proteger.

Un sistema es cualquier fórmula que entrega valor a otra persona sin la presencia física, o con la menor presencia física posible de su propietario, quien tendrá probablemente que trabajar para crearlo empleando tiempo y dinero. Una vez creado, el sistema entrega valor a otras personas, y por tanto beneficio a su propietario.

Simplificando mucho, en el mundo profesional puedes posicionarte como técnico, como mánager o como emprendedor.

Técnico es quien conoce específicamente cómo se hace una tarea determinada, el mánager es el que organiza los recursos (económicos, humanos o tecnológicos) y el emprendedor es el que crea el sistema que pone a todos los actores y recursos a trabajar para entregar valor de una determinada manera.

## Técnico / Mánager / Emprendedor

Nuestro sistema educativo está enfocado principalmente a crear técnicos, una pequeña parte está enfocada en educar mánagers y una parte raquítica –insignificante en términos porcentuales– está enfocada en educar emprendedores, que son los que crean los sistemas donde los otros dos grupos trabajan.

Los tres roles son necesarios en cualquier sociedad. Pero el rol donde podrás mejorar económicamente con mayor facilidad es el de emprendedor porque es donde puedes servir más a más personas.

Quien más da, más recibe. Así de sencillo. O dicho de otra manera: si quieres recibir, tienes que empezar dando.

Si tienes un empleo, puedes empezar a mejorar tu situación solicitando que toda o parte de tu remuneración sea consecuencia de tus resultados. Si confías en tus capacidades, esto no tiene por qué constituir un problema.

En el futuro, si todo va como esperamos, seremos retribuidos en función del valor que aportemos únicamente. Puedes adelantarte a tu tiempo y empezar a ensayar esta fórmula en el caso de que trabajes por cuenta ajena.

De esta forma, a medida que mejores tus capacidades mejorarás tus resultados económicos. De todos modos, todo parece indicar que en el futuro la mayoría de la fuerza laboral estará constituida por personas que cobrarán en función de sus resultados, aunque aún muchos se nieguen a aceptarlo.

Es posible que no sepas por dónde empezar a crear sistemas y esto es algo relativamente normal si nunca le has puesto foco. Tampoco sabrías cómo hablar japonés si nunca lo hubieras estudiado. Lo sorprendente, de hecho, sería lo contrario.

Poner el foco en crear sistemas te permitirá acceder a una parte de la realidad relativa a la creación de sistemas. ¿Te has dado cuenta de que cuando te compras un coche entonces empiezas a ver ese coche por todas partes?

Cuanto antes empieces a poner tu foco en este asunto, antes empezarás a tener ideas sobre cómo crear sistemas.

En nuestro sitio web www.pensamientopositivo.org encontrarás programas formativos que podrán ayudarte en este sentido.

Para mí, lo esencial de todo este asunto es que enfocarte en crear sistemas te convertirá necesariamente en una persona más generosa.

Orientarte a crear sistemas te forzará a reflexionar sobre cómo puedes entregar valor a la sociedad y precisamente esa generosidad será la que te proporcionará grandes resultados económicos.

**El que quiere recibir tiene que empezar dando.**

## 7. Eligen una actividad que aman: trabajan por placer

Algo que no era capaz de entender hace años era que personas que alcanzaban cierto éxito económico siguieran desempeñando una actividad profesional. Si ya tienen dinero, me preguntaba, ¿para qué siguen trabajando? Mi paradigma sobre el mundo laboral incluía la idea de que el objetivo de un trabajo es ganar dinero. Ya puedes imaginar cómo eran mis resultados económicos.

Después lo entendí: las personas que obtienen buenos resultados económicos no continúan en una actividad profesional para ganar más dinero, sino para aportar valor, para aprender o para pasarlo bien.

Al fin y al cabo, si consideras todo esto un juego, seguramente te lo pases mejor. Y, cuando lo hagas, es más posible que aprendas a jugar y que acabes ganando más.

Desarrollar una actividad al margen de los resultados económicos que puedas obtener es, paradójicamente, uno de los factores clave del éxito.

Con frecuencia, detrás de cada persona que afirma que, si tuviera dinero, se jubilaría, hay una persona que precisamente no tiene el dinero para hacerlo. Con frecuencia, quien podría dejar de trabajar si lo deseara decide seguir activo en el mundo profesional.

Uno de los patrones de las personas que más dinero ganan es que han acertado al elegir su carrera profesional. Han escogido desempeñar una actividad que aman, y eso los incentiva a mejorar constantemente, a aportar más valor y, consecuentemente, a ganar más dinero.

Desempeñar una actividad por la que sientes pasión generará un tipo de energía de abundancia desde la que imantarás

el dinero de manera natural. No hay nada más energizan-
te que dedicar nuestras horas a una actividad en la que nos
sentimos vivos, y desde ese marco resulta más fácil generar
dinero.

> Hacer algo que amas incrementa las posibilidades
> de mejorar tus resultados económicos.

## 8. Entre educación y entretenimiento, eligen educación

Hay quienes, cuando quieren más dinero, en lo que piensan
es en acudir a un banco para conseguirlo. Por otra parte, los
hay que, cuando quieren más dinero, piensan en acudir a una
librería o en inscribirse en una formación.

Cuando te encuentres con una persona que gana más dinero que tú, pregúntate lo mismo: «¿Qué es lo que sabe y hace
esta persona que yo no?».

Asumiendo, por supuesto, que lo haga de manera compa-
tible con tus valores.

La verdadera diferencia entre unos países y otros no reside
en la diferencia de dinero o de recursos naturales que tienen,
sino en la diferencia de conocimiento. Es la capacidad que tienen de aprender y de aplicar ese conocimiento lo que marca la
diferencia. Con las personas sucede lo mismo.

Si eres de los que finalizó su educación cuando terminó sus
estudios oficiales, es posible que sueñes con estar viviendo en
un mundo que realmente dejó de existir hace tiempo.

Cuando me refiero a educación, no me refiero a los estudios
que proporciona el sistema educativo, sino fundamentalmente a la educación sobre las cuestiones importantes de la vida,

que tendrás que encontrar en seminarios, libros o conferencias, por ejemplo.

Imagina que vivieras en un mundo en el que necesariamente hubiera que tocar el piano cada día, y nunca hubieras asistido al conservatorio. En ese mundo, tu desempeño sería mediocre. En el mundo en el que vivimos, el dinero es una herramienta que empleamos cada día y pocos han asistido a clases en la escuela de música.

¿Comprendes ahora que la solución a los problemas económicos solo es posible cuando decidimos –insisto: decidimos– aprender y formarnos sobre materias económicas?

El conocimiento es el petróleo del siglo xxi.

La buena noticia es que acceder al conocimiento nunca ha sido tan fácil.

Hay dos tipos de personas: las que deciden seguir aprendiendo toda su vida y las que deciden no seguir aprendiendo.

Las primeras leen, asisten a formaciones, preguntan incansablemente y escuchan a cualquier persona con la que se cruzan. Las otras no lo hacen. ¿Qué grupo crees que tendrá mejores resultados económicos?

Todos hemos experimentado cómo en ocasiones una sola idea transformó nuestra vida en algún sentido. Imagínate si estuvieras permanentemente expuesto a ideas nuevas y entrando en acción.

Por eso, te invito a que, cuando tengas que elegir entre entretenimiento y educación, te enfrentes a la corriente predominante que te invita a estar permanentemente distraído y entretenido y elijas formarte y aprender.

Existe una correlación directa entre el tiempo y el dinero que empleas cada año en aprender y tus resultados económicos.

¿Te unes a la práctica del diezmo educativo? Consiste en dedicar un presupuesto anual del diez por ciento para comprar conocimiento.

Frente a esta invitación de elegir educación frente a entretenimiento, hay quien piensa: «Pero ¿entonces cuándo me divierto?».

Pero ¿en realidad existe algo más divertido que aprender? La verdadera educación es divertida –muy divertida– y no tiene nada que ver con esos monólogos tediosos y poco participativos que muchos padecimos durante años.

Aprender es la esencia de la vida, por eso pocas cosas pueden ser más divertidas que aprender.

> **El hábito del diezmo educativo tiene el potencial de transformar tu vida para siempre.**

## 9. Cuidan las relaciones

Posiblemente la habilidad más importante que reúnen las personas con capacidad para ganar dinero es la de saber relacionarse con otras personas.

Compruébalo tú mismo: observa cómo cualquier persona que obtenga buenos resultados económicos dispone de habilidades sociales. Ganar dinero es un juego de equipo.

Los seres humanos somos seres sociales, y disfrutar de buenas relaciones es imprescindible para cualquier persona, pero, para progresar en el aspecto económico, cultivar y cuidar las relaciones es esencial.

Desde el punto de vista de las formas en las que puedes ganar dinero, puedes estar posicionado desde uno o varios de estos cuatro roles: empleado, autoempleado, emprendedor o inversor.

De estas cuatro figuras, las dos que más posibilidades ofrecen para progresar económicamente son las de emprendedor e inversor.

Y es precisamente en estas dos posiciones donde las relaciones son esenciales, porque tendrás que tratar con inversores, proveedores, empleados, colaboradores, asesores y clientes, y gran parte de tu éxito dependerá de estas relaciones y de su crecimiento.

La habilidad para establecer relaciones y alianzas en las que todas las partes implicadas ganen es esencial para tener éxito económico. Entrénate.

Ganar dinero es un juego de equipo.

# PASO II
## Conviértete en tu mejor versión

«Si haces lo que nadie hace durante un tiempo, algún día vivirás como nadie lo hace durante mucho tiempo.»

ANÓNIMO

«Avergüéncense ustedes de no parecerse a la naturaleza.»

WALT WHITMAN

El Universo es un enorme espejo perfectamente pulido cuya misión consiste en reflejar lo que llevas dentro. Funciona con una gran precisión y, por tanto, para cada persona ofrece un reflejo minuciosamente ajustado a su ser más auténtico.

Por eso, si no te gusta lo que se ve en el espejo, intentar cambiar lo que este refleja pintando sobre él o rompiéndolo no va a conseguir que cambie el reflejo. Se trata de un espejo y solo refleja lo que tiene delante.

Lo que ves en eso que llamamos realidad es solo un reflejo fiel de lo que eres.

Enfadarse con la realidad es tan eficaz como enfadarse con un espejo.

La forma de ganar más dinero no es rompiendo el espejo o enfadándose con él, sino cambiando lo que ponemos delante del espejo.

Probablemente, el trabajo más importante de la vida no es cambiar a los demás ni al mundo, sino convertirnos en nuestra mejor versión. Hacerlo acarrea mejoras inevitablemente en los resultados económicos.

Decidí que iba a hacer todo para cambiar al mundo, pero... no lo logré.

Entonces decidí que iba a hacer todo para cambiar a mi país, pero... no lo logré.

Entonces decidí que iba a hacer todo para cambiar a mi ciudad, pero... no lo logré.

Entonces decidí que iba a hacer todo para cambiar a mi vecindario, pero... no lo logré.

Entonces pensé que iba a hacer todo para cambiar a mi familia, pero... no lo logré.

Finalmente, decidí que iba a hacer todo para ¡cambiarme a mí mismo!

Y ahí me di cuenta de que, si hubiera comenzado por eso, por cambiarme a mí mismo, quizá sí que hubiera podido cambiar a mi familia, a mi vecindario, a mi ciudad, a mi país y al mundo.

CUENTO JUDÍO

# 7.
# El talento es fuente de abundancia

«Quien no sirve para servir, no sirve para vivir.»

RABINDRANATH TAGORE

«No te preguntes qué puede hacer tu país por ti; pregúntate qué puedes hacer tú por tu país.»

JOHN FITZGERALD KENNEDY

Karl Marx tenía razón. Las cosas han sucedido de manera diferente a como las pronosticó, pero finalmente su visión fue acertada. Marx vaticinó una revolución social en la que el proletariado terminaría por poseer los medios de producción social. Y ese momento ha llegado.

Tan solo hay que prestar un poco de atención a lo que está sucediendo. La economía hoy en día la mueven los cerebros. Detrás de cada empresa, afirman Nordström y Ridederstråle en su libro *Funky Business*, hay un cerebro o puñado de ellos haciendo lo que ni los diamantes más refinados, ni los brazos más fornidos, ni los talonarios más opulentos han podido hacer: pensar, crear e innovar.

La noticia es positiva y revolucionaria porque no hay nada más democrático en este planeta que el hecho de tener cerebro. Y aunque el punto de partida es muy diferente para unos y para otros, nadie puede evitar que te propongas educarte cada día de tu vida.

Hoy el principal medio de producción social es el cerebro y cada trabajador posee uno. Esto es tanto como si en la Edad Media cada ciudadano hubiera nacido con un latifundio de su propiedad, o como si en plena Revolución Industrial cada persona hubiera nacido con una fábrica enorme con chimeneas humeantes a su nombre.

En ningún otro momento de la historia de la humanidad los seres humanos han tenido acceso al principal medio de producción como hoy, sencillamente porque cada persona tiene el principal medio de producción social de nacimiento.

Marx tenía razón y acertó en el fondo, aunque no en la forma. En el poscapitalismo, afirma Peter Drucker, el factor clave de la producción no es el capital, la tierra o el trabajo, sino el conocimiento. Y la buena noticia es que nunca en la historia de la Humanidad el conocimiento ha estado tan disponible.

¿Eres consciente de las implicaciones que tiene esto para tu vida? Si te has dado cuenta, me imagino que estás radiante de felicidad. Si quieres ir a celebrarlo, lo comprendería; te espero aquí.

Sin embargo, sucede algo muy curioso y es que, como la mayor parte de la población no es consciente de que posee ese medio de producción, sigue viviendo muy por debajo de sus posibilidades.

**Una tendencia es la automatización.** Si tu trabajo puede hacerlo un ordenador, búscate otro. Si tu trabajo puede hacerlo un robot, búscate otro. Si tu trabajo se basa en la experiencia, búscate otro. Si tu trabajo no es creativo, búscate otro. Si tu trabajo no aporta significado, búscate otro. Si tu trabajo es muy manual, búscate otro. Si tu trabajo puede digitalizarse, búscate otro. Si tu trabajo puede hacerse por menos, búscate otro. Si tu trabajo no te apasiona, búscate otro.

RAIMÓN SAMSÓ, *El código del dinero*

En un mundo donde el principal medio de producción es el cerebro y donde la materia prima esencial es el conocimiento, las reglas del juego nunca volverán a ser las que eran. El juego ha cambiado y ahora va de cómo podemos aportar a los demás con lo que somos, sabemos y podemos y queremos hacer. Bienvenido al Nuevo Paradigma Laboral donde conocer tu talento, desarrollarlo y ponerlo al servicio de los demás es esencial para poder jugar la partida.

El Nuevo Paradigma Laboral ha llegado y te exige –sí, te exige– que reinterpretes qué significa trabajar. Por primera vez en la Historia millones de personas pueden combinar trabajar gozosamente mientras ganan dinero, algo reservado a apenas un puñado de afortunados hasta antes de ayer.

Y yo te invito a que te unas a esta revolución silenciosa, que aunque no es portada en los periódicos, ha transformado ya la vida de millones de almas.

Acercarse al mundo laboral solo para ganar dinero es algo que no se corresponde con el nivel de consciencia que la vida espera de nosotros, pero lo que es más importante: es algo que no ofrecerá los resultados que solía ofrecer. Afortunadamente.

En este Nuevo Paradigma Laboral es preciso que encuentres tu talento y que lo pongas al servicio de los demás. Después también hay que saber venderlo y explicar a los demás cómo puede ser útil. No conocer tu talento posiblemente te conduzca a trabajar más cada vez y a ganar menos cada vez.

Te puedes aproximar al mundo profesional desde cuánto

puedes servir o desde cuánto puedes ganar. Y estar desde un sitio o desde otro marcará una diferencia significativa.

Acepta el talento que la vida te ha entregado, y acepta que no emplearlo sería un desperdicio, no solo para ti, sino también para el resto de la humanidad. Acepta que la manera que tiene la vida de recordarte que no lo estás empleando es ponerte en dificultades profesionales, porque lo que no aprendemos por discernimiento lo aprendemos por sufrimiento.

El día en el que una persona decide emplear su talento y ponerlo al servicio, aprendiendo al mismo tiempo las habilidades profesionales que sea preciso, ese mismo día se siente tan abundante que es como si hubiera firmado un contrato de abundancia con el Universo por medio del cual tiene la certeza de que sus necesidades estarán cubiertas para siempre. El talento requiere de horas de trabajo, muchas más de las que cualquiera ha sido capaz de estimar en un principio.

Tu trabajo es ponerte al servicio con tus talentos. El trabajo de la vida es pagarte las facturas.

Recuerda lo que dijo Shantideva: «Todos aquellos que son infelices lo son porque buscan su propia felicidad. Todos los que son felices lo son porque buscan la felicidad de los demás».

La creencia de que no se puede ganar dinero a través del talento de cada uno está arruinando la vida de millones de personas.

Resulta sencillo ganar dinero cuando servimos a otras personas. Y resulta fácil servir a los demás cuando lo hacemos desde nuestro talento. Después, aún es preciso aprender de las cuestiones mundanas, pero el punto de partida es ofrecer nuestro talento a los demás.

Es tan fácil que cuando aceptamos este paradigma nos preguntamos cómo hemos podido vivir sin él hasta este momento.

> En la economía del talento, estar al servicio es lo primordial.
> Tu trabajo es ponerte al servicio. El trabajo de la vida es
> pagarte las facturas.

## La naturaleza expresa permanentemente lo que es

Cada pequeña parte de la naturaleza expresa permanentemente lo que es. Somos los humanos los únicos que en ocasiones no lo hacemos.

Una rosa te entrega su olor, independientemente de que seas tú quien la haya regado o no. La rosa expresa lo que es y entrega su don de producir fragancia mientras dura su vida, sin excusas ni dudas.

Los humanos podríamos hacer lo mismo, y, sin embargo, dejamos pasar nuestros días sin expresar nuestros talentos, y al no ofrecer nuestro «aroma» a los demás, nuestra vida empieza a vaciarse de abundancia.

Nos contamos que ya lo haremos cuando las circunstancias lo permitan o cuando sea el momento, sin darnos cuenta de que ofrecer nuestro talento a otros seres humanos es la única petición que nos hace la vida para colmarnos con toda su abundancia, incluida la económica.

La vida es un gran proyecto colectivo que ha progresado gracias a que muchas personas han ofrecido su talento a los demás y a la colaboración entre personas. Lo que ha permitido que la humanidad avance ha sido el hecho de que muchas personas ofrecieran su talento a los demás y que colaborásemos entre nosotros.

En 1996, Stanley y Danko publicaron un estudio en el que investigaron durante veinte años a miles de millonarios al respecto de sus gustos, preferencias y hábitos. Su nombre es «El millonario de la puerta de al lado». Una de las muchas conclusiones apasionantes de esta investigación es que los ricos lo son, entre otras cosas, porque «eligieron la ocupación adecuada».

Jugar únicamente para ganar dinero –paradójicamente– te alejará de obtener buenos resultados económicos. Sin embargo, jugar para servir, poniendo en juego tu don, te facilitará disfrutar de una vida llena de abundancia, también en el dinero.

Si eres de los que se preguntan cómo averiguar cuál es su talento o su propósito, te invito a que busques ahora en YouTube el vídeo *Descubre a qué dedicarte* donde comparto ejercicios para encontrarlo y para ponerlo a trabajar para ti. También puedes cursar el seminario *online* «Vivir con propósito», disponible en www.pensamientopositivo.org.

Mark Albion, en su libro *Vivir y ganarse la vida*, cita una investigación en la que realizó un seguimiento de mil quinientas carreras profesionales entre 1960 y 1980. Separaron a las personas que participaron en este estudio en dos grupos. La categoría A incluía a aquellos que afirmaban que debían ganar dinero en primer lugar para poder dedicarse a lo que realmente deseaban una vez solucionados sus problemas económicos. La categoría B agrupaba a aquellos que buscaban en primer lugar conseguir sus propios intereses, confiando en que el dinero acabaría por llegar finalmente. El 83 % de estos profesionales pertenecía al grupo A. El 17 % restante, al grupo B, al grupo de los «arriesgados». Transcurridos veinte años, había un total de ciento un millonarios. Cien estaban en la categoría B. Tan solo uno de ellos, en la categoría A.

**Expresar lo que eres...**

Recientemente estaba sacando el coche de un garaje y allí, a quince metros bajo tierra, en plena rampa de salida, de repente observé una planta que había conseguido generar un tallo de unos cincuenta centímetros. El contexto puedes imaginarlo: hormigonado, carente de sol, de riego o de vida y lleno de humo.

Lo interesante es que, pese a estas condiciones, esta planta hizo sencillamente lo que todas las formas de vida, exceptuando algunos seres humanos, hacen en este mundo: expresar su esencia y regalarle al mundo aquello que son. El objeto de cualquier forma de vida es el desarrollo, y todo lo que posee vida tiene el derecho inalienable a expresar en su máxima expresión aquello que es. Quedarse con menos no es honrar la vida.

Los seres humanos somos los únicos seres vivos que no expresamos por sistema lo que somos, y que nos planteamos aceptar una versión por debajo de lo que somos por miedo, o por no molestar a los demás. Ningún árbol crece por debajo de lo que las circunstancias le permiten. Y mucho menos por no molestar a otro árbol o por miedo. Solo un ser humano haría esto.

Es importante darnos cuenta de cuándo estamos siendo un obstáculo a nuestro desarrollo, aceptar lo que somos y reconciliarnos con el deseo de materializarlo y hacerlo, como lo hizo esta pequeña planta, independientemente de lo adversas que puedan ser las circunstancias externas.

Y nuestros objetivos económicos tienen que impulsar y expresar esa verdad.

Al día siguiente, cuando volví para hacerle una foto a esta planta, el servicio de limpieza del aparcamiento la había cortado.

Aun así, sé que lo que haya quedado de raíz volverá, si le es posible, a expresar su esencia y a crear de nuevo su tallo tan pronto como pueda.

# 8.
# Las cuatro emociones
# que te alejan del dinero

«En realidad las personas autorrealizadas tienen tanto que
enseñarnos que a veces casi parecen pertenecer a una especie diferente de seres humanos.»

ABRAHAM MASLOW

«Un pájaro posado en una rama no tiene miedo de que
la rama se rompa porque su confianza se basa en sus alas
y no en la rama.»

ANÓNIMO

«Si, pues, al presentar tu ofrenda en el altar te acuerdas entonces de que un hermano tuyo tiene algo que reprochar-
te, deja tu ofrenda allí, delante del altar, y vete primero a
reconciliarte con tu hermano; luego vuelves y presentas
la ofrenda».

MATEO 5:23-24

Los protagonistas de la película *Monstruos, S. A.* son unas cria-
turas cuyo cometido laboral consiste en asustar a los niños
durante la noche. Estos monstruos asustan a los niños con el
objetivo de extraer energía de sus gritos. Y al igual que los niños se dejan impresionar por estos asustadores profesionales,

los adultos nos dejamos asustar por esas emociones que aparecen de vez en cuando en nuestra vida para dejarnos aterrados, paralizados o confundidos.

Tu capacidad para ganar y conservar dinero va a estar muy relacionada con la forma en la que manejes ciertas emociones. Aprender a identificarlas cuando aparecen, y a evitar que secuestren tu cerebro, es una habilidad fundamental para progresar económicamente.

Vamos a identificar los monstruos que aparecerán en tu vida antes o después, como en la película *Monstruos, S. A.*, para nutrirse de tu energía.

**Por qué existen unas emociones destinadas a frenar nuestro crecimiento**

Durante mucho tiempo me pregunté cómo era posible que en un universo cuya esencia es la abundancia, y donde no hay nada al azar, pudieran existir estas emociones diseñadas para lastrar nuestro crecimiento.

Permanentemente llego a la misma conclusión: la máxima expresión de un universo cuya esencia es la abundancia es permitirnos el libre albedrío para que podamos elegir vivir con abundancia, o no hacerlo, si ese es nuestro deseo.

Imponerte la abundancia sería poco abundante.

La vida te deja abierta la posibilidad de que puedas, si así lo decides, vivir con abundancia, incluida por supuesto la económica. Puedes leer el libro *Vivir con abundancia* si quieres profundizar en las leyes que la rigen.

Así que estas emociones que nos detraen de la abundancia existen para que podamos tener la certeza de que cuando elegimos la abundancia lo hacemos desde el libre albedrío.

De la misma manera que unos padres permiten en ocasiones a su hijo que tome sus propias decisiones, aun cuando pueda confundirse, porque saben que tienen que permitir su proceso de aprendizaje, la vida nos ofrece la posibilidad de que tomemos las decisiones desde el libre albedrío, sabiendo que unas veces optaremos por la abundancia y otras, no.

Probablemente una voz dentro de ti esté pensando que preferiría que la abundancia estuviese garantizada, sin tener que tomar decisiones cuando estas emociones hacen su aparición.

Pero en realidad no es así.

Sigue leyendo para averiguar por qué.

### El partido de fútbol amañado por Dios...

Imagina que eres seguidor de un equipo de fútbol, y que disfrutas enormemente cuando juega. Te emociona ver cómo juegan y van mejorando en cada partido.

Sabes que a veces ganan y que a veces pierden, y que el resultado será la consecuencia de cómo jueguen ellos y su rival.

Ahora imagina que Dios se apareciese en tu vida para hacerte un regalo: a partir de ahora te garantiza que tu equipo va a ganar cada partido.

Si supieses que va a ganar siempre, ¿estás seguro de que disfrutarías tanto con los partidos de tu equipo?

Lo que hace la vida apasionante es la posibilidad de que tomemos la mejor decisión (o no) en cada partido, a cada momento. Lo que hace que la vida sea sensacional es que podemos decidir en cada momento del partido cómo lo jugamos.

Y si no existieran ciertas emociones que tenemos que aprender a manejar, siempre ganaríamos el partido y no tendría ninguna emoción jugarlo.

Esto es precisamente lo que convierte a la vida en una experiencia exquisita.

Para poder disfrutar de la abundancia económica, estas son algunas de las emociones con las que la vida te va a retar: miedo, envidia, crítica y rencor. ¿Quieres descubrir cómo impedir que cada una de ellas arruine tu partido?

> **La máxima expresión de un universo cuya esencia es la abundancia es el libre albedrío.**

## 1. Miedo

Experimentar miedo te aleja de tu divinidad y de tu ser verdadero y, por tanto, de la posibilidad de generar dinero. El miedo es la energía opuesta al amor, que es certeza, compromiso y claridad.

> **Vivir desde el amor hará que el miedo no tenga cabida.**

Sabes que estás experimentando miedo cuando sientes duda. Sabes que estás experimentando amor cuando sientes certeza y claridad.

Para poder gozar de una sana relación con el dinero y con la abundancia es preciso entender que dentro de ti residen dos fuerzas, cada una de las cuales tira de ti en una dirección.

Ambas funcionan todo el tiempo y no se pueden desactivar. Recuerda: esto es lo que permite que, cuando ganas el partido, sepas que es consecuencia de haber gestionado cada una de estas fuerzas correctamente.

Una es el amor, que te empuja naturalmente a tomar decisiones para expresar tu ser verdadero. La otra es el miedo, que te conduce a un lugar donde la duda, la falta de claridad, el desaliento, la inacción y la falta de autoestima son lo natural.

Los resultados económicos que obtenemos en la vida están muy relacionados con nuestra capacidad para identificar y ser conscientes de cuál de las dos está operando en cada momento. El miedo es una energía mental que pretende detenerte, estancarte e impedir que avances. Afortunadamente, dentro de ti hay otra fuerza que es el amor que pretende impulsarte, inspirarte, ayudarte a que adoptes el camino del corazón.

Con algo de entrenamiento resulta fácil descubrir cuál de las dos está operando en cada momento, y darse cuenta de que el miedo conduce directamente a un estado donde el dinero se aleja.

El miedo te sitúa en la duda, te aleja de la acción, la confianza, la certeza y por tanto del dinero. El amor por el contrario es claridad y foco. Y la claridad es poder, así como un imán para el dinero.

¿Cómo escapar de la duda y acercarnos a la certeza? La respuesta la conoce el ser humano desde hace muchos años, y aunque se ha expresado de muchas maneras, podríamos resumirlo diciendo que es siendo conscientes de qué estamos pensando en cada momento.

---

**El observador observado**

Aquí te dejo un truco para tomar consciencia en cada momento de si estás viviendo desde el amor o desde el miedo.

Normalmente, cuando no somos conscientes, observamos la vida desde nuestros ojos y nos creemos todo lo que vemos desde ese lugar. Sin embargo, hay otra posibilidad muy sencilla que consiste es observar al observador. Es decir, ver nuestra vida en una pantalla de cine que imaginamos. Esto es observar al observador: verte a ti mismo desde fuera, como si vieras una película.

Si estás experimentando miedo, puedes seguir experimentándolo o situarte en un lugar en el que observas al que siente miedo (tú). Ese simple cambio de sitio desde el que observar tu realidad en esa pantalla de cine imaginaria ofrecerá cambios sustanciales en las decisiones que tomes.

## 2. Envidia

Permíteme que te haga una pregunta. Responde sinceramente porque no tienes que compartir la respuesta con nadie: ¿Sientes alegría de corazón cuando a otra persona le marchan bien las cosas?

Alguien conoce a la pareja de sus sueños y forman una familia. ¿Sientes una verdadera alegría de corazón? Alguien monta una empresa o consigue un mejor trabajo y empieza a ganar gran cantidad de dinero. ¿Sientes una inmensa alegría de corazón? Alguien recibe una gran noticia que hace que le brillen los ojos de felicidad. ¿Sientes una inefable alegría de corazón al conocer la noticia?

La respuesta a estas preguntas estará correlacionada directamente con tu nivel de éxito económico.

Si no sientes verdadera alegría con el éxito de otras personas, probablemente tú tampoco estés experimentando mucho éxito. ¿Me equivoco?

La **admiración** es la forma más segura de prevenir la **envidia**.

La envidia tiene muchas caras y algunas no son siempre fáciles de detectar, pero la clave para saber si sientes envidia reside en saber si te alegras cada vez que alguien tiene éxito en cualquier faceta de su vida.

Envidias cuando alguien te comunica una gran noticia y no te alegras. Envidias cuando te alegras de que a otro le vaya mal. Envidias cuando te gusta que le quiten algo a alguien en cualquier forma que esto suceda, también cuando te pones a valorar si otro debería o no tener algo determinado o cuando apartas la mirada de lo que tienes para ponerla en lo que tiene el otro.

La envidia es la proclamación de que crees habitar un universo escaso. La envidia es la consecuencia directa de creer que no habrá de todo para todos.

Envidiar significa pensar que en el mundo hay recursos limitados, y que la vida se los ha ofrecido a otra persona en lugar de ofrecértelos a ti. Estar peleado con la vida no parece una gran idea. En las peleas con la vida solo puede haber un vencedor, y la vida nunca pierde.

Lo que con frecuencia se esconde detrás de la envidia es uno de los grandes problemas de la Humanidad: la falta de compromiso. Cuando envidiamos a otra persona con frecuencia no somos capaces de ver la dedicación y el trabajo que hay detrás de un resultado. Esto es algo que he podido comprobar sistemáticamente.

Envidiar resulta más fácil que reconocer que no nos hemos comprometido de la forma en la que probablemente sí que lo ha hecho la otra persona.

¿Has observado que quien está ocupado viviendo no le parece tan atractivo envidiar a nadie?

Quien está involucrado y comprometido con su vida experimenta abundancia y paz de forma natural, y desde ahí solo cabe sentir la abundancia.

En la abundancia no hay espacio para la envidia. En la envidia no hay espacio para la abundancia.

Comprender que los resultados en la vida –también los económicos– son profundamente democráticos te permitirá abandonar la energía de la envidia para abrazar la energía de la admiración.

Ahora que ya has comprendido que envidiar te está empobreciendo y alejando del dinero, puedes adoptar el compromiso de convertir tu envidia en admiración, y con ello habrás dado un gran paso por ti pero también por la humanidad.

Ningún pensamiento es gratis, y la envidia tiene unas consecuencias que sufrimos los seres humanos cada día.

---

**Ejercicio:**

Si tienes ganas de coger el toro por los cuernos, te invito a que cada vez que sientas envidia le expreses verbalmente, a esa persona por la que sientes envidia, algo por lo que la admires.

Al principio es posible que parezca algo forzado, impostado e incluso poco creíble, pero con el tiempo y algo de práctica terminará por salirte de forma natural. El día que eso pase habrás dado un paso de gigante hacia tu abundancia económica, porque solo podemos disfrutar aquello que nos genera felicidad que otros tengan.

---

## 3. Crítica

Recientemente estaba en un lugar solitario al que voy en bicicleta en ocasiones a ver atardecer. Desde ese lugar disfruto de unas vistas impresionantes, de una soledad elegida y de un nutritivo silencio.

De repente apareció una persona caminando y cuando se acercó me percaté de que nos conocíamos. Llevábamos muchos años sin vernos y lo primero que hizo un instante después de saludarnos fue empezar a criticar el tamaño y el tipo de cerramientos que tenían unos chalets que estaban no muy lejos de donde nos encontrábamos.

Esto me llamó la atención porque lo cierto es que nunca había reparado en las vallas de aquella urbanización, pero sobre todo porque me apetecía más comentar qué nos había sucedido en todo ese tiempo.

Así que después de escuchar su disertación sobre esa urbanización, le pregunté qué tal estaba. La respuesta ya la imaginas: las cosas no le iban tan bien...

Alguien que emplea tiempo en criticar a otros, especialmente si tienen dinero, no puede gozar de mucha abundancia; tampoco económica. Aquello que criticamos en los demás nos está hablando de aquello que no hemos solucionado en nuestra propia vida.

Dicho de otra manera: aquello que criticas en otros con frecuencia es aquello que más necesitas mejorar. Cuando juzgas a otros en realidad no es de ellos de quien hablas, sino de ti mismo.

Difícilmente podemos hablar de algo que no seamos nosotros mismos en este mundo.

> Sentir **aceptación** hará desaparecer la **crítica**.

Presta atención a aquello que criticas y habrás descubierto una herramienta excelente para averiguar cuáles son las áreas que necesitas mejorar.

Criticar es una energía de baja vibración que desvía tu foco hacia otras personas. Esa energía debería estar puesta en preguntarte cómo podrías convertirte en tu mejor versión, que es lo único –repito: lo único– que podrá atraer más abundancia a tu vida.

Date un lujo barato: acepta a los demás antes que criticarlos, y aprovecha para pensar al mismo tiempo qué es lo que puedes mejorar de ti en ese mismo aspecto antes de criticar a la otra persona.

Esto te facilitará un profundo conocimiento de ti mismo y una enorme paz interior. Y como consecuencia tu economía terminará por mejorar.

Criticar es una energía de baja vibración que no se lleva nada bien con el dinero.

Ahora que ya has comprendido que la crítica te está alejando de conocerte a ti mismo, de tener verdad al respecto de quién eres y de mejorar tus resultados económicos, podrías adoptar el compromiso de convertir cada ocasión en la que te aparezca la intención de criticar a alguien en una oportunidad para preguntarte: ¿En qué medida soy yo aquello que iba a criticar?

## 4. Rencor

¿Recuerdas los cómics de Astérix y Obélix? En ellos Obélix cargaba un menhir sin ningún sentido aparente más allá de que disfrutaba haciéndolo.

Pues algo similar nos sucede a los seres humanos cuando decidimos llevar pesadas cargas del pasado sin ninguna razón aparente, más allá de que parecemos disfrutar con ello.

Pero a diferencia de Obélix, que contaba con una fuerza sobrehumana debido a que de pequeño cayó en la pócima mágica de Panorámix, en tu caso transportar pesadas cargas consume una energía que necesitarías para desarrollar ideas creativas y para ponerlas en marcha.

El rencor te aleja de la riqueza, porque entretiene una parte importante de tu energía en revivir asuntos que ya pasaron. Cada vez que decides –es una decisión– cargar con el menhir del rencor te estás agotando inútilmente.

Como tu imaginación no es capaz de distinguir bien entre realidad e imaginación, la consecuencia es que revives permanentemente ese agravio. Y así no hay quien mejore.

Y ese sumidero de energía por el que se escapa tu presente te lleva a repetir el pasado una y otra vez. Y como repites el pasado, te quedas sin presente, y al quedarte sin presente, repites una y otra vez ese pasado. Conclusión: repites en el futuro lo que ya viviste en el pasado.

Para simplificar: un drama.

Antes de meter ropa nueva en el armario, necesitas sacar la ropa vieja. Para poder disfrutar de una vida nueva, necesitas primero limpiar el armario de energías del pasado que ya no están en coherencia con la nueva vida que has decidido vivir.

**Perdonar** hará desaparecer el **rencor.**

Perdonar te hará rico. Es esencial que interiorices esta idea.

Perdonar, especialmente a los padres, es un prerrequisito para gozar de abundancia económica.

Dejar ir el pasado mejorará tus saldos bancarios.

No importa si llevas razón o no, porque ya pasó. Es posible que llevar razón te esté arruinando. En algún momento tendrás que elegir entre llevar razón o ser rico, y cuanto antes tomes la decisión mucho mejor.

Una voz dentro de ti te dirá una y otra vez que alguien no hizo las cosas bien, que alguien debió o debe hacer las cosas de otra manera. Sin embargo, poco importa si eso es verdad, porque cada vez que escuchas esa vocecita, tu alegría de vivir y tu saldo en el banco se resienten.

Demasiadas personas están enfadadas ahora mismo con seres queridos, amigos o familiares. Y ese murmullo mental de reproches por asuntos que ya sucedieron, o de sollozos por acciones que hubieran deseado que pasaran, perpetúan su exiguos resultados económicos.

Y de todos los rencores que se pueden sentir el peor de todos es el que se tiene con los padres. Guardar rencor a los padres por lo que hicieron o dejaron de hacer, por la forma en la que te amaron o no te amaron es garantía de resultados económicos desastrosos en la vida.

Simbólicamente, los padres son la vida. Cuando alguien no está en paz con los padres, no está en paz con la vida. Algunas personas tienen la extraña creencia de que sus padres debieron haberlos amado de otra forma y de que no hicieron las cosas bien y les guardan rencor por ello, y al hacerlo se enfadan también con la vida.

Y una fórmula popular de demostrar ese rencor es que los padres puedan comprobar que lo hicieron mal. Y una forma estupenda para que quede patente que no cumplieron bien con su labor como padres es teniendo problemas económicos. «Si me hubieras querido y me hubieras dado una buena educación, ahora no estaría en esta situación económica», parecen querer decir algunos con su compleja situación.

Es fácil observar que cuando una persona acaba con el rencor hacia sus padres y los perdona de corazón, su situación económica mejore.

El ejercicio que te proponemos –confiamos en que aceptes esta invitación– es que escribas en un folio todas las virtudes que tienen o tuvieron tu padre y tu madre. Es importante que escribas y elijas una cualidad en la que cada uno destacó, o destaca, de manera especial.

La segunda parte del ejercicio consiste en que escribas cuál es la principal mala actitud que percibes en tu padre y en tu madre.

La tercera parte del ejercicio consiste en que te preguntes si tú conservas cada una de esas dos cualidades y cada uno de esos dos defectos. Puede ser en mayor o en menor medida, y puede ser por presencia (tu padre era tacaño y tú también) o por ausencia (tu madre era tacaña y tú eres extremadamente generoso).

Solo por hacer esto, empezarás automáticamente a sentir más paz contigo y con tu árbol genealógico, consecuencia de la mayor consciencia que vas a experimentar. Y esto, danos un voto de confianza, es imprescindible no solo para alcanzar el éxito, sino para mantenerlo en el tiempo, lo que para muchas personas constituye el verdadero reto.

(…) Lo único que tus padres te debían fue darte la vida, y eso ya lo hicieron. Y todo lo que no sea agradecimiento, no son más que ideas que solo engendrarán rencor. Te dieron la vida; eso es razón suficiente para estar eternamente agradecido.

SERGIO FERNÁNDEZ Y RAIMÓN SAMSÓ, *Misión Emprender*

amor + admiración + aceptación + perdón = abundancia económica

# 9.
# Las cuatro áreas clave: física, emocional, intelectual y espiritual

«Es más fácil cambiar el curso de un río que el carácter de un hombre.»

PROVERBIO CHINO

«Cuando seas feliz por nada, solo entonces el mundo te lo dará todo. Y como ya habrás aprendido a no necesitar nada de nada para disfrutar de la vida, no te apegarás a tu fortuna. Sabrás que te basta con sonreír y amar a la gente (y servirla) para seguir siendo rico sin limitación.»

RAIMÓN SAMSÓ

«Hay tres motivos para los cuales vivimos; vivimos para el cuerpo, vivimos para la mente y vivimos para el alma. Ninguno es mejor que el otro; todos son igualmente queridos, y ninguno de los tres –el cuerpo, la mente o el alma– puede vivir totalmente si cualquiera de los otros es despreciado.»

WALLACE WATTLES, La ciencia de hacerse rico

Las diferentes tradiciones espirituales del mundo coinciden en una idea clave: todos somos uno. Cada uno de nosotros somos una pequeña parte de una unidad más grande.

Hay un esquema que se repite en el universo: cualquier unidad está compuesta por diferentes unidades más pequeñas. Cualquier parte de la naturaleza está relacionada de alguna manera con todas las demás. Diferentes neutrones, protones y electrones forman un átomo. Diferentes átomos forman una célula y diferentes células forman un órgano. Cada órgano del cuerpo se relaciona con todos los demás a través de un complejo sistema de intercambio de materia y de información, de manera que todos los órganos forman parte de algo más grande que cada uno de ellos aisladamente. Los diferentes órganos del cuerpo forman sistemas y diferentes sistemas constituyen una persona. Diferentes personas colaborando dan lugar a comunidades, países, empresas o familias, la suma de los cuales conforman la totalidad del planeta.

Cualquier creación en la naturaleza es un sistema que se compone de diferentes partes y cada una de estas partes está en relación con las demás, de manera que cualquier cambio en una de esas partes repercute en el resto.

Este enfoque sistémico es el que sigue la medicina tradicional china, que no considera cada parte del cuerpo o cada dolencia como algo aislado sino como una parte de algo más grande. Este enfoque holístico ofrece soluciones sabiendo que un cambio en cualquiera de las partes del cuerpo afectará de alguna manera a las demás.

Como ser humano, eres la consecuencia de al menos cuatro energías que te integran y se interrelacionan entre sí: física, emocional, mental y espiritual.

Las personas estamos compuestas de diferentes planos energéticos y generar cambios solo sobre uno de estos planos, obviando el resto, no puede ofrecer los mismos resultados que considerar todas las partes.

Dos referencias para ampliar el enfoque sistémico:
- *Teoría general de sistemas*, Bertalanffy
- *El tao de la salud, el sexo y la larga vida*, Daniel Reid

Tu vida está compuesta de diferentes energías: física, emocional mental y espiritual, que están interactuando entre ellas, y a su vez con el resto de personas y circunstancias de tu vida permanentemente.

> Como ser humano, eres la consecuencia de al menos cuatro energías que te integran y se interrelacionan entre sí: física, emocional, mental y espiritual.

Cuidar de cada una de estas energías facilitará que tus resultados económicos mejoren. Aquí va un set de propuestas para cuidar de la energía de cada una de estas energías:

**1. Energía física**

Sentir bienestar físico es un requisito imprescindible para poder disfrutar de la abundancia económica.

Si has estado enfermo alguna vez o has tenido simplemente un dolor de muelas o una jaqueca, ya sabes de qué te hablo. Resulta complejo mejorar tu situación profesional o evitar el deshielo de los polos cuando un dolor de muelas te acecha.

Te comparto tres trucos *low-cost* para mejorar tu energía física:

I. ALIMENTARSE AL 70/80 % CON UNA DIETA VEGETARIANA Y LO MÁS FRESCA POSIBLE. La mayoría de las personas que han probado este hábito han podido comprobar cómo su nivel de energía vital y su claridad mental se han incrementado. Ni el planeta está preparado para que comamos animales a destajo, ni nuestro cuerpo está preparado para digerirlos, especialmente con la calidad con la que las industrias alimentarias ordinarias los crean y los ofrecen.

La propuesta es muy sencilla y consiste en vegetarianizar en aproximadamente un 70 u 80 % tu dieta. Al hacerlo muy posiblemente tu energía física aumentará, dispondrás de mayor claridad mental para adoptar mejores decisiones, te sentirás mejor emocionalmente.

Aunque a priori no seas capaz de encontrar la relación entre alimentarte mejor y mejorar tus finanzas, te invito a que compruebes personalmente por qué sentirse extraordinariamente bien físicamente te ayudará a tomar las decisiones que necesitarás adoptar para mejorar tus finanzas personales.

Mejorar tus finanzas va a ser probablemente una carrera de fondo y para las carreras de fondo hace falta mucha salud y mucha energía.

2. COME AL 70 % DE TU CAPACIDAD. En el último año he viajado en dos ocasiones a Japón. Algunos de los aprendizajes los compartí en un artículo en mi blog que podrás encontrar en www.pensamientopositivo.org. En uno de ellos tuve la ocasión de viajar a Okinawa, una de las zonas con la población más longeva del planeta.

En esta selvática isla del Pacífico, de clima extremadamente cálido y húmedo, tuvimos la suerte de compartir un almuerzo con un grupo de ancianos de una pequeña localidad de la isla. Me sorprendió saber que al parecer éramos los primeros españoles en llegar allí.

Lo extraordinario no es que personas de casi cien años nos

preparasen un plato tradicional, y que incluso nos mostrasen un baile de su zona, lo sorprendente es que cuando nos despedimos se subieron en sus coches y se marcharon conduciendo, para mi sorpresa, dejándome estupefacto ante la escena.

En ese viaje aprendimos algunos de los factores que hacen una vida más longeva. Por supuesto que nada es consecuencia de un solo factor en la vida; sin embargo, quiero compartir uno de ellos: *Hara hachi bu.*

Este principio es conocido en Japón desde hace mucho tiempo. Consiste en dejar de comer un poco antes de sentirte saciado. Esto permite, paradójicamente, disponer de mayor energía. La razón es que tu cuerpo no tendrá que estar digiriendo alimentos innecesariamente, y podrás emplear toda esa energía en otros asuntos más importantes.

Comemos para alimentarnos y llenarnos de energía, por tanto es un contrasentido tener sueño al terminar de comer. En general estamos sobrealimentados, y eso hace que nos cueste concentrarnos y tener un pensamiento claro y enfocado, dos requisitos necesarios para mejorar tus finanzas.

Cuidar de tu salud es un claro signo de amor a ti mismo. Cuanto más te ames a ti mismo, más fácil y natural te resultará ganar dinero. Piénsalo: si no te cuidas en algo tan básico como la alimentación, ¿cómo vas a cuidarte en algo como el dinero?

Demuestra que amas la vida y que en coherencia con ello cuidas tu alimentación, y pronto verás que tu nivel de energía mejora y con ello tus resultados económicos.

Comer menos para tener más energía. Mis experiencias con los ayunos: https://www.pensamientopositivo.org/2017/10/16/experimento-y-conclusiones-3-semanas-de-ayuno/

Tres películas y un artículo para mejorar la forma en la que te alimentas:

- *Super Size Me*
- *Fast food Nation*
- *Food inc.*
- https://www.pensamientopositivo.org/2016/03/19/mejores-libros-de-salud/

3. DESCANSA. Vivimos en una sociedad donde es frecuente mantener un intenso nivel de actividad durante demasiado tiempo. La consecuencia es que muchas personas se hallan perpetuamente agotadas.

Si estás frecuentemente cansado, va a resultarte difícil que encuentres la energía necesaria para poder hacer los cambios que necesitas para mejorar tu situación económica.

No podrás adoptar las mejores decisiones si estás agotado. No hace falta trabajar todo el tiempo para ganar más dinero; es preciso hacerlo mejor y con mayor inteligencia.

No necesitas presumir de cansancio para justificar ante otros que has ganado dinero; recuerda que el dinero es la consecuencia de aportar más valor a más personas y que para hacerlo no tienes que esforzarte.

Cuentan que Miguel de Unamuno tenía una merecida fama de dormilón. Por ello un día un periodista le preguntó: «¿Es verdad que duerme usted alrededor de diez horas cada día?». Unamuno le respondió: «joven, es cierto que cuando duermo, duermo más que otras personas, pero cuando estoy despierto, también estoy más despierto que ellas».

Me parece un signo de poco éxito estar cansado todo el día, sin importar cuánto dinero se gane por ello.

## 2. Energía mental

Sin nuevas ideas y conocimientos no hay forma de que mejores tus resultados económicos.

Aquí van algunos de los hábitos *low-cost* que recomendamos a nuestros alumnos dentro del programa formativo del Máster de Emprendedores (masterdeemprendedores.com).

4. DIETA HIPOINFORMATIVA. Con frecuencia perdemos gran parte de las mejores horas de los mejores años de nuestra vida consumiendo información que no conduce a ningún lugar. Consumir medios de comunicación o redes sociales supone una gran inversión de tiempo que, dedicado a formarte, te proporcionaría una ventaja enorme.

La propuesta es muy sencilla: prueba durante un tiempo a reducir a la mínima expresión la exposición a medios de comunicación, a redes sociales o a conversaciones estériles, y dedica ese tiempo a cualquier actividad que vaya a tener una mejora significativa en tu vida.

Muchas personas dedican media hora al día o más para desplazarse y escuchar la radio mientras lo hacen. Otros emplean media hora al día para ver la televisión, y lo cierto es que no parece tanto tiempo.

Sin embargo, media hora cada día termina por ser más de ciento ochenta horas al año. ¿Te has planteado la cantidad de ideas que podrías aprender si consistentemente dedicaras media hora diaria a estudiar?

Ciento ochenta horas al año son un número suficiente de horas para revolucionar tu vida en unos años.

5. EJERCITA TU TALENTO CADA DÍA. La vida nos obsequia a cada uno con un talento único y especial. El objetivo de este talento es que nos facilite nuestro camino y el cumplimiento de nuestro propósito.

Como no somos conscientes de esto, pasan los años y no le dedicamos el tiempo ni la atención suficientes a su desarrollo. Y como no lo usamos, termina por marchitarse. Y lo que fue una ventaja se convierte en nada.

La propuesta que te hago es sencilla y es que cada día –repito: cada día– dediques un rato a poner en práctica tu talento para que poco a poco tu nivel de competencia se incremente, y te pueda ayudar en la forma en la que aportas valor a otros seres humanos. Cada persona tiene su talento y no los hay mejores ni peores. Solo los hay aprovechados o desaprovechados. Donde hay un talento aprovechado no hay pobreza o escasez económica.

Da las gracias por el talento con el que la vida te haya obsequiado, haz lo posible por regalar tu talento al mundo y disfruta del gozo de entregar a los demás aquello que la vida te ha regalado.

Si tienes dudas sobre cuál es tu talento, te invito a que veas dos vídeos en los canales de YouTube Pensamientopositivo1 y MasterDeEmprendedores con el nombre «Descubre a qué dedicarte», o también el curso «Vivir con propósito».

6. DIEZMO EDUCATIVO. Dedica un presupuesto anual a aprender ideas, técnicas y habilidades nuevas cada año. Podría ser del 10% de tus ingresos por ejemplo –el diezmo educativo–, aunque también podría ser mayor o menor.

Este hábito es especialmente importante si sientes que te encuentras al principio de tu carrera profesional, o si no sabes por dónde empezar.

Si quieres llevar tu vida a un sitio diferente, vas a necesitar ideas nuevas y después aplicarlas.

Hablemos claro: si no apuestas por tu educación, nadie lo hará por ti. Y esto es especialmente cierto en lo referente a educación económica.

Si buscas en el sitio web del Boletín Oficial del Estado las palabras «inteligencia financiera» y «plan de estudios», obtendrás cero resultados. Haz la prueba. Si la búsqueda es «finanzas personales» y «plan de estudios», obtendrás un resultado. No sé qué más necesitas saber.

## 3. Energía emocional

Como ya descubriste en el capítulo anterior, hay fundamentalmente cuatro venenos que nos alteran emocionalmente, y cuya presencia hace que nuestros resultados económicos empeoren.

Son la crítica, la envidia, el miedo y el rencor. La crítica se supera con la aceptación, la envidia con la admiración, el miedo con el amor y el rencor con el perdón.

Te comparto tres hábitos *low-cost* para estar mejor emocionalmente:

7. ACEPTACIÓN. En lugar de criticar a la otra persona, acéptala. No inicies ninguna conversación que tenga como objeto criticar a otra persona y huye de cualquier conversación que lo haga.

Ese ahorro de energía te hará sentirte mejor e impulsará tu carrera profesional. Acepta que cada persona o situación es como es, y dedícate a seguir trabajando en mejorar tú mismo como persona.

8. ADMIRACIÓN. Toma consciencia de la envidia que experimentas. Toda la energía que empleas en envidiar la podrías estar empleando en seguir desarrollándote como persona. Si cada vez que sientes envidia adoptas el hábito de darte cuenta inmediatamente de qué es lo que admiras de esa persona, posiblemente estarás dando un gran paso en tu desarrollo personal y profesional.

La propuesta es muy sencilla, cada vez que experimentes envidia pregúntate en qué admiras a esa persona y en qué se ha comprometido ella que tú aún no.

9. TOMAR CONSCIENCIA DE QUÉ PALABRAS USAS. Toma consciencia de qué expresamos a los demás y con qué palabras.

Las palabras son una herramienta para construir realidad. Las palabras que expresamos no solo sirven para definir la realidad, sino que también crean realidad.

Cuando afirmas «no tengo dinero» en realidad no solo estás definiendo una situación; también estás ayudando a que esa realidad se siga reproduciendo en el futuro. Cuando pronuncias las palabras «tengo miedo de que no pueda pagar mi hipoteca» lo que estás haciendo es ayudar a generar una situación en la que no puedas pagarla.

Por mucho miedo que te genere una situación o por mucho que desees quejarte de algo, evita pronunciar esas palabras y aprovecha esa oportunidad para expresar una realidad mejor. Se puede averiguar la salud financiera de una persona solo por las palabras que emplea.

## 4. Energía espiritual

El dinero es –o debería ser– una herramienta que te facilita disfrutar de la vida que has escogido vivir. Pero para que esto suceda primero es necesario conocer con certeza cómo vas a darle significado a tu vida. Contarte la verdad al respecto de este asunto es esencial. Estos tres hábitos pueden ayudarte a hacerlo:

10. GUARDAR UN RATO DE SILENCIO CADA DÍA. En una sociedad «infoxicada» –intoxicada de información– resulta complicado en ocasiones encontrar la claridad que necesitamos para disfrutar de claridad cada día.

Guardar un rato de silencio cada día te permitirá enfrentarte a la verdad de tus circunstancias en cada momento y esto te permitirá tomar mejores decisiones, algo que resulta difícil cuando ni siquiera reflexionamos un rato sobre nuestro día a día.

Este momento pueden ser unos simples minutos al principio o al final del día sin distracciones y donde puedes repasar los aspectos más importantes de tu vida. Con algo de práctica observarás que no solo no es tan complicado, sino que pronto no querrás prescindir de este momento de reflexión.

Adicionalmente, puedes adoptar el hábito de incluir una vez al año un día, semana o mes sabático, para reponer energías, tomar algo de distancia y valorar si estás siguiendo la ruta que deseas en tu vida.

11. TRES OBJETIVOS CADA MAÑANA. Cada día es como una vida en miniatura. Si durante la mañana –la juventud– te planteas unos objetivos acordes a tu esencia y propósito, y durante el día –la edad adulta– los cumples, al final de la jornada, du-

rante la noche –la vejez–, te irás a dormir satisfecho de lo que has hecho con tu día –vida.

El hábito de plantearte objetivos cada mañana te permitirá vivir con foco cada jornada y eso es algo que antes o después se reflejará en tu economía y bienestar.

Estos objetivos pueden estar relacionados con tres áreas esenciales de tu vida: profesional, personal y social.

El objetivo profesional tiene que ver con poner tu talento a favor del proyecto que dota de sentido profesional a tu vida.

El objetivo personal tiene que ver con tu bienestar en lo físico, intelectual, emocional o espiritual.

El objetivo social tiene que ver con tus relaciones sociales con otras personas: pareja, familia, amigos, colegas o comunidades de las que formas parte.

Plantearte objetivos cada día te permitirá sentir una sólida paz interior resultado de tener certeza en cada momento de que estás priorizando aquello que es esencial en tu vida.

12. AGRADECE CADA DÍA. Un hábito que te permitirá atraer mayor abundancia económica a tu vida es el de encontrar un momento al día para repasar la lista de todo aquello por lo que te puedes sentir agradecido.

En realidad estar agradecido no tiene tanto que ver con lo que nos pasa o deja de pasar como con el aprendizaje que cada suceso de nuestra vida nos trae como regalo. Preguntarse «¿Qué aprendizaje me regala este suceso?» te permitirá sentirte agradecido cada día al margen de lo que haya sucedido.

El agradecimiento implica comprender que la vida está de tu lado, y que te regalará aquello que necesites aprender más que aquello que quieras en ese momento.

# 10.
## Dinero consciente

«El consumidor vota cada día con su compra y no solo cada cuatro años.»

JOAN MELÉ

«*People, planet and profit.*»

RAIMÓN SAMSÓ

«Sergio, lo más importante en la vida es la coherencia.»

EDUARDO DEL BARRIO

Posiblemente vivimos en el momento más democrático de la Historia de la humanidad. Y no lo es porque los sistemas políticos que nos hemos dado sean perfectos, sino porque cada uno de nosotros, gracias a cómo gana y cómo gasta el dinero, puede elegir cómo quiere que sea la sociedad.

Existen opciones casi infinitas para ganar y para gastar dinero. Esto nos permite expresar cada día cómo queremos que sea la sociedad a través de la forma en la que ganamos y gastamos el dinero.

Cada euro que ganas o que gastas es un voto que otorgas a una idea, persona o empresa.

Imagina que consideras imprescindible para la conservación del planeta que los alimentos empiecen a cultivarse de manera ecológica. Imagina que en coherencia con esta idea, como profesional, te niegas a poner tu tiempo y tu conocimiento al servicio de una empresa que produzca alimentos sin el enfoque ecológico.

Además, empiezas a actuar con coherencia como consumidor y adoptas el compromiso de comprar solo alimentos de origen ecológico. Decides, en pocas palabras, no poner tu energía –tu dinero– en estas empresas. Lo que estás diciendo en realidad es que no quieres que eso exista en el planeta, y al no meter tu dinero allí no lo apoyas: un euro menos es un voto menos.

Desde el momento en el que actúas así, estás votando cada día y haciendo posible que el mundo sea de la manera en la que tú crees que debe ser.

Al comportarte así no solo fantaseas con la idea de que decides cada cuatro años –si tienes la suerte de que haya un partido político que represente tus ideas–, sino cada día a través de los proyectos al servicio de los cuales pones tu energía (cómo ganas el dinero), y a través de las ideas que apoyas dándoles energía en forma de dinero (cómo gastas el dinero).

Es democracia directa. El único problema es que muchos aún no lo saben. Por favor, explícaselo a tus seres queridos para que esto empiece a funcionar.

Si muchos otros hacen lo mismo, estamos votando de una manera mucho más eficaz a favor de la agricultura ecológica que si solo vamos a votar una vez cada cuatro años y esperamos a que otro tome la decisión. De hecho casi no importa lo que tu gobierno legisle o haga al respecto de la producción ecológica, porque si solo compramos alimentos ecológicos, los que no lo sean terminarán por desaparecer.

Cada día votamos de una manera inequívoca de qué forma

queremos que sea el mundo con la manera en la que ganamos y gastamos el dinero.

Cada euro ganado o gastado es un voto.

En cierto modo, «una persona, un voto» ha quedado superado por «un euro, un voto».

Decidir conscientemente cómo ganamos y gastamos nuestro dinero es una manera efectiva de hacer política, ya que con ello estás ofreciendo tu energía a las ideas y valores que son acordes a tu idea de la vida y de la sociedad. No hay libertad política sin libertad económica.

Imagina una empresa cuyo comportamiento medioambiental o con sus empleados no apoyas. Imagina que por esa razón no vuelves a consumir en esa empresa. Ahora imagina que el suficiente número de personas hacemos lo mismo. Estamos votando que cierre, y si no compramos nada, terminará por cerrar o por cambiar su política medioambiental o de recursos humanos.

**Tomar consciencia**

Contarte la verdad al respecto de cómo ganas y gastas el dinero te conducirá a ser más coherente (pensar, sentir, decir y actuar en la misma dirección), y la coherencia ofrece excelentes resultados en la vida, también económicos. Invertir en consciencia siempre sale a cuenta. La vida está del lado de los coherentes.

Puedes estar seguro de que ganar y gastar el dinero de manera consciente mejorará tus resultados económicos.

Es posible que ahora Escasez FM te esté comentando que no es tan fácil, y que si fuera tan fácil, todo el mundo se comportaría de manera diferente. En este libro no se habla de lo fácil sino de lo posible. Ser coherente con tus valores y con tus principios te hará una persona más fuerte y auténtica, y eso mejorará tus resultados económicos. Pero es más, aunque no los mejorase te hará una persona más coherente. Lo cual para mí es importante; quizá lo más importante.

Una de las muchas razones –no la única por supuesto– que explica los pobres resultados económicos que obtenemos es que no somos conscientes de la forma en la que ganamos ni gastamos el dinero.

## Ganar conscientemente

En muchas universidades y escuelas de negocios del mundo se está diciendo que el objetivo de una empresa es ganar dinero; sin embargo, debería decirse que es servir a la sociedad, y que para poder hacerlo tiene que ganar dinero. Parece casi lo mismo, pero no lo es.

En algunos de estos centros se está diciendo que lo importante es que hagan crecer los negocios, pero no se pone el énfasis en la importancia de poner los valores de uno al servicio de los demás, no se menciona la importancia de ser útil para otras personas ni que ser buena persona es esencial.

En estas escuelas se enseñan asuntos importantes para hacer negocios, pero no se menciona con suficiente énfasis que aunque puedas legalmente pagar diez, a lo mejor hay que pagar doce, por decir algo.

Creo que la forma en la que ganas y gastas el dinero dice verdaderamente quién eres.

Trabajar en empresas cuyos valores no compartimos está arruinando el mundo.

Comprar a empresas cuyos valores no compartimos está arruinando el mundo. Uno de lo dramas silenciosos que suceden cada día es que hay personas que trabajan para empresas cuyos objetivos y valores no comparten.

Eso las debilita y hace que pasen los años sin encontrar sentido a sus vidas. Ponen su talento, conocimiento y tiempo al servicio de algo en lo que no creen, y eso no hace ni de su vida ni de este mundo algo mejor. No culpo a nadie por ello. Sabemos que cuando hay que llevar dinero a casa, eso es lo prioritario, pero creo que cualquier persona puede pedirse, si está dispuesta a pagar el precio por ello, algo mejor en el medio o largo plazo.

Después llegamos a casa y delante de un telediario afirmamos no entender cómo el mundo puede estar como está. Hay muchas respuestas para esa pregunta, pero una de ellas es la falta de coherencia entre lo que pensamos, sentimos, decimos y hacemos en lo pequeño cada uno de nosotros, que después se manifiesta en la foto grande.

Si cada uno de nosotros fuéramos coherentes con lo que pensamos, gran parte de los problemas de este mundo desaparecerían automáticamente.

De nada sirve que creas firmemente que el mundo debería funcionar de otra forma si después ofreces tu tiempo a una empresa o a clientes que desarrollan productos o servicios en los que no crees. Esto, además de empobrecerte a nivel personal porque no te permite desarrollar tu verdadero talento y ponerlo al servicio de algún propósito en el que crees verdaderamente, posiblemente te esté empobreciendo a nivel económico: resulta complejo atraer dinero cuando no se vive en coherencia con lo que se es verdaderamente.

La coherencia atrae la abundancia y, por tanto, antes o después, el dinero. ¡Haz la prueba!

Se puede ganar dinero de muchas maneras y sin necesidad de ofrecer nuestro talento y tiempo a proyectos en los que no creemos. Pero, para hacerlo, es preciso aprender ideas nuevas. Y si tienes dudas con esto, te doy mi palabra de que es solo por falta de conocimiento.

> **Deja de ir al trabajo por las mañanas; ve a una misión.**

En la sociedad en la que viviremos, si todo va como esperamos, no iremos a un trabajo; iremos a una misión. Y en esa sociedad para cada persona el dinero será la consecuencia natural de ofrecer nuestro talento a otras personas.

De la misma manera que hoy no entendemos que alguien pueda matar a cambio de dinero, en algún momento del futuro no entenderemos que alguien pueda trabajar exclusivamente a cambio de dinero.

Si realmente deseas mejorar tus resultados económicos, te invito a que te plantees cómo puedes dejar una huella significativa en este mundo, y para eso no hay que fundar la próxima Puntocom, sino simplemente plantearte al servicio de qué idea, causa o empresa puedes poner tu tiempo y tu talento, mientras ganas dinero como consecuencia de tu aportación.

Y sé que pedirle menos a la vida es conformarse con mucho menos de lo que la vida está dispuesta a ofrecernos.

Medir el desarrollo de un país o de una persona simplemente por su desarrollo económico es una idea anacrónica que está llevando a muchas personas a tomar las decisiones equivocadas, así como a descuidar aspectos tan importantes como cuál es la consecuencia medioambiental o para las personas involucradas de un proceso productivo.

Ya estamos preparados como sociedad para entender que importa mucho la manera en la que ganamos y gastamos el dinero. La consciencia y la coherencia son dos caminos seguros para vivir con abundancia y para disfrutar de mejores resultados económicos.

---

Tres recursos para saber más sobre dinero consciente:
* Conferencia «Dinero consciente», de Sergio Fernández, en YouTube
* Libro *Dinero feliz*, de Raimón Samsó
* Libro *Dinero y consciencia*, de Joan Melé

---

**Gastar conscientemente**

El dinero es una herramienta para hacer política, para inyectar energía en aquello en lo que creemos. Cada euro es un voto y cada vez que gastamos lo que estamos diciendo es que queremos que eso siga existiendo.

Este libro tiene como objetivo que transformes para siempre tus resultados económicos, así que posiblemente te estés preguntando de qué manera ser consciente de la forma en la que gastas el dinero puede ayudarte a ganar más dinero.

La respuesta es sencilla: porque aumentar tu nivel de consciencia te permitirá atraer el dinero de forma más sencilla.

A mayor nivel de consciencia, mayor capacidad para materializar –incluso turbomaterializar– nuestros deseos. Piensa sobre esto el tiempo necesario hasta que lo comprendas en su totalidad. Después, simplemente relájate y disfruta.

En el libro *El Sorprendedor*, Lume, su protagonista, viaja de Apâthia a Serotón, la tierra de los sorprendedores. Una vez allí, y al querer pagar el transporte, le deniegan su dinero ya que en Serotón solo aceptan dinero consciente... A lo mejor en el futuro habitamos un mundo como el que propone el libro *El Sorprendedor*:

Satoria pasó en varias ocasiones el *plastic* por el lector... Por la expresión de su rostro se podía deducir que algo no iba del todo bien...

–Disculpe, caballero –dijo Satoria volviéndose hacia Lume–. El dispositivo me dice que este *plastic* no dispone de efectivo.

–Eso no es posible –replicó él–. Me ingresaron la nómina hace apenas unos días...

–Pues léalo usted mismo –respondió la chica encogiéndose de hombros–. Aquí dice que no dispone de crédito para hacer este videofonema. ¡Vaya, que debe de estar sin blanca de dinero consciente!

–Disculpe, señorita –Lume quería cerciorarse de que había oído bien–. ¿Ha dicho usted dinero... consciente?

–Sí, claro, en Serotón distinguimos entre dinero generado de forma consciente, sostenible y responsable, y el que no lo es. Y cada vez son más las personas y empresas que no aceptan pagos de dinero no consciente... ¿Para qué Corporación trabaja usted en Apâthia?

–Trabajo en La Corporación de la Construcción –respondió Lume a medio camino entre el orgullo y la suspicacia–. Dirijo el departamento de áridos.

–Uhmmm –murmuró pensativa Satoria–. No me diga más... ¿No es esa la Corporación cuya constante extracción de áridos está reduciendo el tamaño de la isla de Apâthia? Entonces ya ha de estar al corriente de las cantidades de vertidos tóxicos y emisiones contaminantes de las que es responsable su empresa.

–No existen pruebas concluyentes de todo eso, señorita –rebatió Lume desapasionadamente, como el que repite la tabla de multiplicar–. Pero, dígame, ¿es verdad entonces que algunas empresas rechazan cierto tipo de dinero en función de los medios empleados para conseguirlo?

–Alguna aún acepta todo tipo de dinero, pero cada vez son menos. –Satoria gesticulaba tan enérgicamente para enfatizar sus gestos que lograba captar toda su atención–. Primero fueron unas cuantas organizaciones y personas las que empezaron a negarse a trabajar para según qué otras organizaciones o personas. Después el movimiento fue creciendo y hoy prácticamente nadie acepta trabajos que contravengan su código ético o que sean retribuidos con dinero no consciente.

SERGIO FERNÁNDEZ Y RUBÉN CHACÓN, *El Sorprendedor*

# PASO III
## Aprende los conceptos básicos

«En algún lugar algo increíble espera ser descubierto.»

CARL SAGAN

«Que el diccionario detenga las balas.»

JOAQUÍN SABINA

Cuando terminé la universidad me fui a vivir a Londres para aprender inglés y trabajar. Y por diferentes razones terminé pasando uno de los períodos más determinantes de mi vida.

Allí, un amigo que fue testigo de mi obsesión por estudiar palabras y estructuras gramaticales en inglés me dijo que en realidad aprender un idioma no consistía tanto en aprender vocabulario, sino en aprender a pensar de manera diferente.

¡Obvio; solo que no me había dado cuenta!

Y este nuevo enfoque fue en parte lo que me permitió aprender con solidez un nuevo idioma. No se trataba solo de aprender palabras –algo en lo que me seguí afanando devotamente cada día–, sino de asimilar una forma diferente de entender la vida.

En este sentido, aprender sobre finanzas personales o educación financiera no consiste tanto en incorporar algunas palabras o conceptos –que por supuesto es necesario– como en pensar de una manera diferente.

> Aprender sobre dinero supone pensar de manera diferente.

La buena noticia es que para empezar a pensar de forma diferente solo es preciso tener claros unos pocos conceptos. Si posteriormente deseas profundizar, podrás hacerlo, pero para empezar vamos a establecer unos buenos cimientos. Las cuestiones más complejas de la vida están en realidad regidas por unos cuantos principios muy sencillos.

Si eres docente y tienes la oportunidad de compartir estos conceptos con tus alumnos, te invito a que lo hagas para ir terminando con el analfabetismo financiero.

> Si eres docente, espero que puedas compartir estos conceptos con tus alumnos para que podamos ir terminando con el analfabetismo financiero.

Los problemas de dinero –como otras tantas cuestiones de la vida– no están generados tanto por lo que ignoras, que por supuesto también, como por lo que conoces pero que en realidad no es cierto.

Muchos problemas de dinero se evitarían si fuéramos conscientes de que somos analfabetos financieros y de que lo desconocemos casi todo sobre el dinero. Al menos esto nos evitaría tomar decisiones económicas sin saber que no estamos capacitados para ello.

Te presento el kit mínimo de ideas para gestionar tus finanzas personales.

# 11.
## Activos y pasivos

«Prefiero ganar el 1 % del esfuerzo de cien personas
que el 100 % de mi esfuerzo.»

PAUL GETTY

Simplificando mucho, podríamos decir que «activo» es cualquier cosa que pone dinero en tu bolsillo y «pasivo» es cualquier cosa que saca dinero de tu bolsillo.

Si cuentas con los suficientes activos que ponen dinero en tu bolsillo, entonces no tienes que trabajar, salvo que lo desees, para pagar tu estilo de vida y el de tu familia. Si tienes pasivos que sacan dinero de tu bolsillo, entonces tienes que trabajar para pagarlos.

No hace falta ser licenciado en económicas para entender que es mejor tener activos que pasivos; parece mejor idea adquirir cosas que ponen dinero en tu bolsillo que cosas que sacan dinero de tu bolsillo.

No hace falta ser licenciado en sociología para darse cuenta de que la mayoría de la población acumula pasivos a lo largo de su vida.

Si compras una casa y la alquilas y al hacerlo te genera ingresos cada mes, entonces es un activo. Si compras una casa y duermes en ella cada noche, y esto te genera gastos de mantenimiento, entonces es un pasivo.

Un activo pone dinero en tu bolsillo y un pasivo lo saca. Es fácil de recordar.

> **Un activo pone dinero en tu bolsillo y un pasivo lo saca. Es fácil de recordar.**

Si compras un coche y tienes que pagar cada mes el seguro y el garaje, entonces es un pasivo. Si compras unas acciones de una compañía que cada año te ofrece dividendos, entonces tienes un activo.

Entender la diferencia entre activo y pasivo puede evitar que pases tu vida trabajando para pagar los gastos generados por tus pasivos.

La idea que te propongo es sencilla y memorable: no adquieras nada, salvo que sea absolutamente imprescindible, que te haga gastar dinero.

Compra o crea cosas que pongan dinero en tu bolsillo y con ese dinero compra, si lo deseas –ahora sí–, cosas que saquen dinero de tu bolsillo.

Desarrolla y entrena una animadversión natural hacia cualquier cosa que saque dinero de tu bolsillo, porque, salvo excepciones, eso es el principio del fin de tu libertad y de tus posibilidades de progreso económico. Por supuesto que hay excepciones, pero este es el principio general.

En la última parte de este libro, aprenderás una herramienta para saber cuándo puedes comprarte un pasivo y un lujo, algo que también es importante si puedes permitírtelo.

Desde jóvenes estamos entrenados para comprar pasivos pero no para crear activos. Nos enseñan a gastar antes que a ganar y después pagamos las consecuencias.

> **Estamos educados para comprar pasivos
> y no para crear activos.**

Las clases medias está entrenadas para gastar dinero, incluso a veces dinero que no tienen, en pasivos que posteriormente sacarán aún más dinero de sus bolsillos y, consecuentemente –y este es el verdadero problema– tiempo de sus vidas.

Pregunta: ¿Qué es lo primero que le regalan muchos padres a su hijo cuando cumple dieciocho años? ¡Exacto: un automóvil! Y esto sucede antes incluso en muchas ocasiones de que haya aprendido a ganar su propio dinero.

Desde ese momento el joven tiene que trabajar para empezar a pagar el seguro, las ruedas, los impuestos, etc. Aún no ha empezado a vivir y ya tiene su primer pasivo.

¿Qué es lo que hacen unos padres con inteligencia financiera? Primero ayudan al joven a que piense una forma en la que pueda aportar valor al mundo, y por la que en consecuencia pueda ganar su propio dinero.

Después, cuando esta persona encuentra de qué forma puede aportar valor y ser útil a la comunidad (y ganar si así lo decide dinero por ello), le enseñan de qué forma puede crear o comprar un activo (algo que pone dinero en su bolsillo). Después su talento, su contribución al mundo y ese activo que ha creado le pagarán ese coche –si es lo que realmente desea– o cualquier otro deseo que tenga en la vida.

> **Si haces lo que pocos están dispuestos a hacer durante
> un tiempo, podrás disfrutar lo que muy pocos podrán
> hacer durante mucho tiempo.**

No estoy seguro de que este sea el camino fácil, pero sí de que este camino es mejor. Ya sabes que, si haces lo que pocos están dispuestos a hacer durante un tiempo, podrás disfrutar durante mucho tiempo de una vida a la que muy pocos podrán acceder.

Primero construye la manera de que lleguen ingresos (crea activos) y posteriormente con ello pagas los lujos (pasivos). O dicho de otro modo: primero el flujo, después el lujo.

> **Primero el flujo, después el lujo.**

¿Quieres algunos ejemplos de ingresos pasivos para empezar a entrenar tu músculo de crear fuentes de ingresos?

Aquí tienes algunas ideas:

- Comprar propiedad inmobiliaria para ponerla en alquiler.
- Alquilar propiedad inmobiliaria para subarrendarla.
- Dividendos de una empresa que has creado.
- Dividendos de una sociedad de la que solo eres accionista.
- Comisiones por las pólizas de una cartera de seguros, pólizas médicas o hipotecas…
- Comisiones por recomendar otras empresas a clientes que ya tienes.
- Comercio *online* de algún producto o sector que conozcas en profundidad.
- Comisiones por recomendar productos o servicios.
- Royalties de un libro o audiolibro donde compartes tu conocimiento sobre un asunto del que seas experto (¡Todos somos expertos en algo!).
- Pagos de una formación *online* sobre un asunto del que seas experto.

- Dividendos por las acciones de una empresa que cotice en Bolsa.
- Alquileres de cualquier propiedad que no uses frecuentemente: coche, barco, furgoneta, equipo deportivo o casa de vacaciones, por ejemplo.
- Ingresos de una página web que vende uno o varios productos (investiga sobre *dropshipping* si quieres saber más al respecto).
- Royalties de libros, programas informáticos, aplicaciones web, música, patentes...
- Ingresos de máquinas de venta en la calle, párquines, lavacoches, cajero automático...

---

**Ejercicio:**

Elabora tu propia lista de maneras de generar ingresos pasivos en tu caso particular. En el caso de que no se te ocurran —aún— muchas ideas, puedes buscar información en Internet para inspirarte.

No te preocupes si no se te ocurren. Si fuera tu primer día en el gimnasio, posiblemente no podrías hacer mucho deporte.

---

# 12.
# Carrera de la rata

«Los paradigmas restringidos de la realidad son globales en sus efectos. Por ejemplo, nuestros estudios de los llamados "pobres" han puesto en evidencia que la "pobreza" no es tan solo una condición financiera, sino que los "pobres" también son pobres, en otras áreas de la vida, pobres en amistades, pobres en habilidades verbales, pobres en educación, pobres en comodidades, pobres en recursos, pobres en salud, pobres a nivel global, y pobres en felicidad.

La pobreza, entonces, puede ser vista como una cualidad característica de una autoimagen limitada, la cual resulta entonces en una escasez de recursos. No es una condición financiera, sino un nivel de conciencia.»

DAVID R. HAWKINS, Poder contra fuerza

¿Has visto en alguna ocasión a los hámsters que por mucho que corran dentro de la rueda que tienen en la jaula siempre siguen en el mismo sitio? No importa el esfuerzo que hagan o lo rápido que se muevan porque no cambian de lugar.

Muchas personas pasan todo el mes trabajando para pagar sus compromisos, corriendo a toda velocidad –como el hámster– para poder cumplir con los pagos del alquiler, hipoteca, suministros o alimentación para descubrir al final del mes que se han gastado todos los ingresos del mes, de manera que tienen que seguir corriendo a toda velocidad.

Este concepto, popularizado en los libros de Robert Kiyosaki, hace referencia a esta situación que asola a gran parte de nuestra sociedad.

Esto sucede por varias razones:

1. Cuentan con escasa o nula educación financiera, lo que hace que no sean plenamente conscientes de las consecuencias de sus actos.

2. Solo cuentan con una fuente de ingresos, lo que hace que sus ingresos dependan solo de la cantidad de horas que trabajan. Si dejan de trabajar, los ingresos se detienen.

3. Los ingresos se emplean solo para pagar gastos o comprar pasivos, y no para construir fuentes de ingresos adicionales, lo que hace que la situación se agrave normalmente paulatinamente. Lo más grave es que desconocen que esta situación tiene remedio.

4. En ocasiones gastan más de lo que ganan, teniendo entonces que recurrir a deuda mala para poder pagar sus compromisos. Cuando esto sucede la situación se agrava aún más al tener que pagar adicionalmente los intereses de esa deuda. Las tarjetas de crédito, si no se utilizan con precaución, solo logran empeorar la situación al generar un estado en algunas personas de deuda mala perpetua con el correspondiente pago de intereses cada mes.

Supongo que si te encuentras en esta tesitura te estarás preguntando cómo podrías empezar a planificar la salida de la carrera de la rata.

1. El primer paso es no gastar más de lo que se gana bajo ningún concepto, además de disponer de un presupuesto mensual.
2. Empezando a construir diferentes fuentes de ingresos pasivos.
3. Empleando parte de los ingresos obtenidos del trabajo para invertirlos en educación sobre finanzas personales o desarrollo personal.
4. No incurriendo en deuda mala (deuda que pagas tú).

Cualquier cambio significativo en la vida requiere de un cambio de consciencia que lo acompañe. Para salir de la carrera de la rata, hace falta empezar a pensar de otra manera y eso es lo que vamos a seguir trabajando en los próximos capítulos.

# 13.
## Cash-flow millionaire

«¡Si tan solo Dios me diera una señal clara! Algo
como depositar a mi nombre una enorme suma de
dinero en un banco suizo.»

WOODY ALLEN

*Cash-flow millionaire* es un término cuya traducción sería algo así como «millonario de flujo de caja», pero vamos a explicar qué es lo que significa realmente. Lo que viene a decir este concepto es que además de ser millonario por patrimonio, es decir porque tienes patrimonio de tu propiedad, también puedes ser millonario porque dispones de flujo de efectivo cada mes, independientemente de que dispongas de patrimonio o no.

Un *cash-flow millionaire* es una persona que recibe dinero recurrentemente, con independencia que tenga patrimonio o no. Permíteme que te muestre un ejemplo sencillo con números redondos.

¿Estás nervioso? ¡Si no conoces esta idea, quizá deberías, porque este concepto tiene el potencial de transformar tu vida para siempre!

Imagina que por ejemplo encuentras un apartamento de valor 100.000 € y lo consigues por valor de 90.000 €. Imagina que encuentras la forma de financiarlo completamente (hay

fórmulas para ello) y que le debes por ello al banco 100.000 €
(incluidos unos gastos de compra de 10.000 € ).

El apartamento es tuyo en el registro de la propiedad, pero
en realidad no es tuyo, puesto que le debes la totalidad del importe que has empleado para su compra (100.000 € ) al banco
que te ha prestado el dinero.

En términos de patrimonio tienes por lo tanto cero euros.

+100.000 € apartamento
- 100.000 € deuda al banco

= 0 € de patrimonio

¿Hasta aquí me sigues? Tienes un apartamento que vale
una cantidad, pero tienes una deuda con el banco por esa misma cantidad. Por lo tanto, aunque parezca que tienes algo (un
apartamento) en términos patrimoniales reales no tienes nada.

En este ejemplo cada mes le pagas al banco 450 €, pero también sucede que cada mes obtienes 650 € de alquiler. En este
caso obtendrías mensualmente la suma de 200 € de *cash-flow*.

En este ejemplo sin tener nada de patrimonio real obtendrías una rentabilidad de 200 € cada mes.

Si eres capaz de repetir esta operación el suficiente número
de veces, estarías en una situación de independencia financiera, lo que significa que serías un *cash-flow millionaire*. Es decir
una persona que es rica en términos de *cash-flow*, aunque no
en términos de patrimonio.

Si estás pensando que esto es imposible, quizá quieras cambiar esa afirmación por la pregunta: ¿Qué tendría que aprender
para hacer esto posible? En el caso, por supuesto, de que esto
sea lo que deseas realmente...

> **Tener patrimonio es interesante pero no es imprescindible para poder disfrutar del estilo de vida que deseas.**

Otro ejemplo: imagina que montas un sitio web muy sencillo que vende un solo producto cuya necesidad has detectado en el mercado. Hay muchas oportunidades así. Imagina que cada producto se vende a 50 € y te deja un margen de 25 €. Ahora imagina que cada día vendes de media cuatro unidades de este producto. Esto significa que facturas unos 6.000 € al mes. Una vez descontados gastos e impuestos, y en relación a la cantidad de trabajo que te puede originar, casi se podría decir que eres rico sin ningún patrimonio.

Estos dos ejemplos son reales y los han hecho posibles personas que conozco. Ambas son *cash-flow millionaires* porque no tienen que trabajar salvo que lo deseen. Y quién sabe, quizás en un futuro sean también ricas patrimonialmente.

Tener patrimonio es interesante, pero no hace falta tenerlo para poder vivir como un rico en un primer momento.

Tómate el tiempo que necesites para digerir esta nueva idea.

Si todo va como espero, en este momento tu cerebro tiene que estar deseando más… ¡Sigamos!

# 14.
# Los tres frenos a tu desarrollo económico: impuestos, intereses e inflación

«Si viese usted a Atlas, el gigante que sostiene al mundo sobre sus hombros, si usted viese que él estuviese de pie, con la sangre latiendo en su pecho, con sus rodillas doblándose, con sus brazos temblando, pero todavía intentando mantener al mundo en lo alto con sus últimas fuerzas, y cuanto mayor sea su esfuerzo, mayor es el peso que el mundo carga sobre sus hombros, ¿qué le diría usted que hiciese? [...] Que se rebele».

AYN RAND, *La rebelión de Atlas*

Hay principalmente tres factores que debes tener en cuenta si deseas mejorar los resultados económicos que obtienes.

Son los impuestos, la inflación y los intereses. Y necesitas tenerlos en cuenta para poder planificar una estrategia adecuada.

Así es como te afecta cada uno de ellos.

## 1. Impuestos

El primer factor que debes considerar y tratar de minimizar, siempre de manera estrictamente legal y contando con el asesoramiento adecuado, son los impuestos.

Para la mayoría de las personas y familias es la principal salida de dinero de su economía. Lo más trágico es que ni siquiera lo saben.

> **El principal gasto de las familias suelen ser los impuestos.**
> **Lo más trágico es que ni siquiera lo saben.**

No deja de resultar curioso que, después de años estudiando matemáticas en el colegio, de manera mayoritaria casi nadie haya reparado en este hecho ni sepamos hacer este cálculo tan sencillo.

Aunque la cruda realidad es que mientras no mejoremos nuestro sistema político poco se puede hacer al respecto, una buena asesoría siempre será capaz de ayudarte a minimizar este impacto de forma legal.

Insisto en lo de hacerlo de forma legal porque es más fácil evitar los problemas que solucionarlos. Pero recalco también minimizarlos porque no todos los asesores tienen ambos enfoques. Cerciórate de que quien te asesore tenga el enfoque de hacer las cosas legalmente y de minimizar el impacto de los impuestos considerando todas las opciones de la ley. Hazle las preguntas adecuadas y verifica la información que te facilite.

> **Necesitas una asesoría que tenga dos enfoques sobre**
> **tu economía: el legal y el de minimizar.**

Si te dice que no puedes hacer mucho, quizá quieras consultar con otros asesores dispuestos a hacer los deberes. Si te invita a quebrantar la ley, cambia inmediatamente de asesoría porque acabará por generarte problemas antes o después. No le des una segunda oportunidad o acabarás por lamentarlo.

El principal gasto en el que incurren las personas suelen ser los impuestos, que para un sueldo medio en España está alrededor del 50 % de sus ingresos o, dicho de otra forma, del 50 % de su tiempo.

La pregunta que ha llegado el momento de hacerse es ¿Estamos recibiendo a cambio de lo que pagamos lo que deberíamos? ¿Realmente lo que recibes a cambio justifica que trabajes aproximadamente la mitad del año?

La respuesta a esta pregunta es por supuesto algo muy personal. Yo no te la puedo ofrecer. El objetivo de este libro es que pienses sobre el dinero, y que después llegues a tus propias conclusiones.

Por eso, antes de seguir reflexionando sobre este asunto, vamos a sacar la calculadora. ¿Has calculado alguna vez cuántos impuestos pagas cada año?

Quizás ha llegado el momento de salir de Matrix. Si sigues leyendo, no habrá vuelta atrás. Advertido quedas.

Por cierto, quiero aclarar que no estoy para nada en contra de pagar impuestos y de contribuir con nuestro trabajo a construir una sociedad mejor. Al contrario, creo que es motivo de sentirse orgulloso el hecho de poder contribuir a la sociedad.

Lo que me parece criminal es que se dilapide el dinero público, y con ello el tiempo de las personas que trabajan para contribuir, con la ligereza con la que se hace en muchos países, y en concreto en España.

Cuando alguien malgasta dinero público lo que está haciendo en realidad es malgastando el tiempo de personas que han trabajado para ganarlo y aportarlo a la sociedad.

Cada euro malgastado en el sector público es un minuto de alguien que no pasó tiempo con sus seres queridos, que no pudo descansar un día que lo necesitaba, o que no pudo pagarle una mejor educación a sus hijos...

Cada euro que malgasta tu alcaldía o tu presidente de gobierno son horas de una persona –tú, por ejemplo– trabajando. Cada duplicidad en una administración, o cada trabajador público que se ausenta de su puesto de trabajo una hora en realidad está malgastando el tiempo de alguien que trabajó para pagar ese dinero.

Y ahora viene el ejercicio para salir de Matrix.

> **¿Has calculado alguna vez la cantidad exacta de impuestos que pagas cada año? Si sigues, no habrá vuelta atrás.**

Te invito a que hagas un pequeño cálculo de lo que pagas antes de seguir leyendo. Recuerda incluir todos los conceptos. Desde el impuesto sobre la renta y el impuesto del valor añadido hasta otro tipo de impuestos, como por ejemplo el de bienes inmuebles (IBI) o de vehículos de tracción mecánica (IVTM).

Si te fascinan las comunidades autónomas, las diputaciones, las mancomunidades, las subvenciones, los coches oficiales, las competencias duplicadas, las televisiones públicas, un sistema que es incapaz de deshacerse de personas que no cumplen con el cometido para el que se las paga, entonces quizás estés encantado de pagar sin hacerte más preguntas.

De lo contrario, creo que ha llegado el momento de reflexionar sobre lo que damos y sobre cómo se administra. También sobre qué vamos a hacer para incrementar la eficiencia y la eficacia del Estado del Bienestar, si queremos que este perdure.

Mi deseo es que el Estado del Bienestar cumpla su cometido y por eso creo que es necesario que nos cuestionemos su funcionamiento, porque mantenerlo a base de incrementar la presión fiscal es una fórmula que lo hará fracasar antes o después.

En este momento en España el número de personas que cobran del Estado (funcionarios y pensionistas) es igual al número de personas que trabajan. Dicho de otra manera: por cada persona trabajando en el sector privado hay una cobrando del Estado. ¿Soy el único que se da cuenta de que el *Titanic* se está hundiendo aunque la orquesta siga tocando?

El libro *La rebelión de Atlas* te dará una perspectiva diferente sobre este asunto.

---

### ¿Sabías que trabajas alrededor de la mitad del año para pagar impuestos?

Toma asiento y prepárate a darte un baño de realidad. Estás a punto de descubrir algo que muchas personas desconocen y es que pasan más de la mitad del año trabajando para pagar impuestos.

Imagina una persona que gana un salario medio bruto en España de alrededor de 2.000 €/mes o unos 24.000 €/año.

Vamos a calcular el IRPF que paga esta persona aproximadamente. Por sus primeros 12.450 € pagará el 19 %= 2.365 € ; De 12.450 a 20.200 pagará el 24 %= 1.860 € ; De 20.200 a 24.000 € pagará el 30 %= 1.140 €.

En total pagará 5.365 € de IRPF, lo que equivale al 22 % de IRPF.

Pero por otra parte, aunque la mayoría de los empleados no lo saben, están pagando más del 30 % de impuestos directamente, abonados por su empresa o empleador en su nombre en concepto de Seguridad Social.

Muchas personas creen erróneamente que eso es un gasto de la empresa que los contrata, cuando en realidad es un impuesto al trabajador, puesto que, si el trabajador no estuviera trabajando, la empresa no tendría que pagar a la Seguridad Social.

---

La Seguridad Social es un impuesto al trabajo que la empresa paga al Estado en nombre del trabajador. Tómate el tiempo que necesites para entender bien esto. En total pagará alrededor de 7.200 €, que es el 30 % de Seguridad Social.

Además, como trabajador, la mayoría de las cosas en las que gaste el dinero que gana con su trabajo estarán grabadas con IVA. Aunque hiciéramos un cálculo conservador –muy conservador– y solo considerásemos que se gasta el 25 % de su salario en productos o servicios que llevan IVA serían otros 978 € (978 es el 21 % de IVA del 25 % de su salario).

En total pagará alrededor de 978 € de IVA (insisto: muy conservador).

Además, pagará otros impuestos como el de bienes inmuebles o el impuesto de vehículos de tracción mecánica en el caso de que tenga algún vehículo.

Vamos a suponer que paga al menos otros 250 € (cálculo conservador). Es decir, que esta persona estará pagando en total 5.365 € (IRPF) + 7.200 € (Seguridad Social) + 978 € (IVA) + 250 € (IBI e IVTM).

De esta manera esta persona pagará 13.793 € de impuestos al año como mínimo.

Por otro lado, el dinero que esta persona cobraría si no pagase ningún impuesto sería de 31.200 €.

Por lo tanto esta persona paga, como mínimo, un 44 % de impuestos. O dicho de otra manera, como mínimo alguien con un salario bruto de 2.000 € trabaja casi hasta el 1 de julio solo y exclusivamente para pagar impuestos.

Puedes repasar las cuentas si lo deseas para entenderlo bien.

Te recomiendo que te tomes unos minutos para respirar hondo y llegar a tus propias conclusiones. También puedes comentarlo con alguien si lo necesitas.

Así que supongo que te estás preguntando cómo considerar los impuestos en la práctica. No es una respuesta sencilla pero la idea básica es considerando la perspectiva fiscal antes de adoptar cualquier decisión. Aunque seguramente recuerdes que nuestra Constitución afirma que todos somos iguales ante la Ley, lo cierto es que no tiene las mismas repercusiones fiscales que vivas o fallezcas en un lugar o en otro, por ejemplo. En ciertas ocasiones, no es lo mismo tener determinados bienes en una empresa o tenerlos como persona física. No es lo mismo comprar que alquilar como tampoco lo es contratar un tipo de personas u otras. Y necesitas, insisto en esto, considerar el doble enfoque de minimizar el impacto fiscal y de hacerlo desde la legalidad más estricta.

## 2. Inflación

De vez en cuando se publica una cifra a la que nadie parece hacer mucho caso. Es el IPC, el Índice de Precios al Consumo. Este índice refleja la inflación o, lo que es lo mismo, el poder adquisitivo que pierde tu dinero como consecuencia de que cada vez hay más euros en el mercado.

Cuanta mayor cantidad hay de cualquier cosa en el mercado, menor es su valor. Y este principio afecta también al dinero. Cuanto más dinero hay circulando, menor es su valor, menos cosas puedes hacer con él.

Ahora ya sabes que los bancos comerciales tienen la capacidad de producir dinero mediante la emisión de deuda, de manera que cada vez que alguien firma un préstamo provoca que se genere más dinero que termina en los bolsillos de alguien.

La ley de la oferta y la demanda hace que, si hay mucho de algo en cualquier mercado, el valor de ese algo tienda a bajar. De modo que como cada día hay más dinero en el mercado, el valor (la capacidad de compra en realidad) de ese dinero baja. La consecuencia es que cada vez necesitas más dinero para comprar la misma cantidad de ese algo. En cierto modo, podemos afirmar que cada billete emitido resta el valor del dinero que ya está en la calle.

Esto es algo que todos hemos experimentado. De repente un día nos damos cuenta de cómo ha subido el precio de algo. Para comprar un kilo de un producto antes necesitabas diez euros y ahora necesitas doce. Pues bien, eso se llama inflación.

> La inflación es la pérdida del valor de tu dinero como consecuencia de que cada vez hay más dinero en los bolsillos de los ciudadanos.

Como cada vez hay más dinero generado por los préstamos que pedimos, el dinero cada vez tiene menor valor de intercambio en el mercado y por tanto puedes comprar menos con la misma cantidad de dinero.

La consecuencia es que el comerciante te pide más euros por el mismo kilo de ese producto y que la misma vivienda cuesta más dinero.

De manera que, si tienes dinero ahorrado y antes podías comprar un kilo, ahora de repente ya no puedes comprar un kilo, sino, por ejemplo, ochocientos gramos.

Esta es la forma en la que nuestro sistema económico castiga a los ahorradores y quita poder adquisitivo silenciosamente a las personas que ahorran.

Por eso no resulta tan interesante que tengas más dinero del necesario en el banco, porque aunque la cifra permanezca intacta, 100 euros por ejemplo, la inflación se está comiendo silenciosa aunque imparablemente el poder adquisitivo de esa cantidad.

Para muchas personas su vida económica funciona más o menos así: primero trabajan y después ganan dinero. A continuación, el Estado se queda aproximadamente el fruto de la mitad de su trabajo. Y con lo que les queda, en el caso de que decidan ahorrarlo, pueden comprar cada vez menos cosas porque la inflación se come su poder adquisitivo.

Pero las consecuencias de la inflación no terminan aquí.

Prepárate porque ahora es cuando el asunto empieza a ponerse divertido.

De la misma forma que la inflación se come el poder adquisitivo del dinero ahorrado, por otro lado beneficia a quienes tienen deuda, porque la cantidad que tienen que devolver también vale menos en términos de poder adquisitivo.

¿Es mejor deber al banco 100.000 euros en el año 2018 o en el año 2038? La cantidad es la misma pero el poder adquisitivo de 100.000 € dentro de veinte años será menor con seguridad como consecuencia de la inflación. Y por tanto será una cantidad más fácil de pagar.

Si tienes dudas con esto, pregúntales a tus abuelos cuánto pagaron por sus viviendas hace décadas y compáralo con lo que cuestan ahora. A ese proceso que hace decrecer permanentemente la capacidad de compra de tu dinero al tiempo que hace aumentar el precio de los bienes y servicios se le llama inflación.

En resumen, la inflación castiga a los ahorradores mientras que beneficia a las personas que saben cómo usar la deuda buena. Las personas que usan la deuda buena (la que no pagas tú) construyen riqueza en el presente con dinero que no es suyo (deuda buena). Y cuando tienen que devolver ese dinero en el futuro, el valor de ese dinero es menor que cuando lo pidieron como consecuencia de la inflación.

¿Entiendes ahora por qué es tan importante comprender cómo funciona la inflación y cómo afecta a tu progreso económico?

La inflación beneficia fundamentalmente a quienes emplean la deuda buena para construir riqueza, y castiga fundamentalmente a quienes ahorran su dinero y no lo emplean para generar riqueza.

Vuelve a releer los párrafos anteriores hasta que los hayas comprendido bien.

Aún recuerdo que la primera vez que comprendí esta idea mi cerebro casi estalló.

## 3. Intereses

Los intereses de la deuda mala ahogan el crecimiento de tu economía. Por eso es tan importante negarse a aceptar deuda mala, salvo que no quede más remedio o en ocasiones muy concretas, como puede ser para solucionar un tema de salud, para formarse o para iniciar algún negocio. Pero siempre con mucha precaución.

Algo que he comprobado repetidamente en las formaciones que ofrecemos sobre finanzas personales es que muchas personas están confundidas con los intereses que pagan.

Con frecuencia creen que al decir un 12 % de interés para un préstamo de 1.000 € acabarán por pagar 120 € de intereses, pero lamentablemente no es esa la manera de hacer las cuentas.

En realidad si pagas un 12 % de intereses sobre 1.000 € lo que estás pagando cada mes es un 1 % (12 % de interés entre 12 meses = 1 % de interés mensual) sobre el dinero prestado. En este caso, con el 1 % de 1.000 € pagarías 10 € al mes. Al mes siguiente el cálculo volvería a empezar y sería el 1 % sobre la cantidad restante. Esta operación se repite durante toda la vida del préstamo.

La deuda mala impide el desarrollo de personas y de familias, y tener deuda mala está haciendo que pagues mucho más de lo que deberías por los bienes y servicios que consumes. Calcula antes de solicitar ningún préstamo la cantidad de intereses que pagarás durante la vida de ese préstamo.

---

**¿Cuántos intereses pagarás si pides una hipoteca de 120.000 €
al 2,6 % de tipo de interés a devolver en un plazo de 25 años?**
En el momento en el que escribo esto la hipoteca media en España es de aproximadamente 120.000 €, el plazo medio es de aproximadamente 25 años y el tipo de interés medio es del 2,6 %.
En un caso así los intereses pagados por esta persona serían en total 43.000 €.
Si la persona que solicita esta hipoteca es la persona del ejemplo anterior con un salario medio de 24.000 € y con una renta disponible de 18.635 €, emplearía casi nueve años completos para pagar los 120.000 € solicitados junto con los 43.000 € de intereses. ¡Nueve años completos!

---

# 15.
# Independencia financiera

«Si fallas en planear, en realidad estás planeando fallar.»

BENJAMIN FRANKLIN

«Toda vez que desea conquistar una meta correcta, desecha toda la duda, toda idea de fracaso; confía en que, como hijos de Dios, tenemos acceso a todo lo que le pertenece al Señor.»

PARAMASHA YOGANANDA

La independencia financiera es el momento en el que tus ingresos pasivos anuales (ingresos que generan tus activos) superan a tus gastos anuales.

La independencia financiera se produce en el momento en el que una persona o familia no tienen que trabajar o depender de un tercero para poder pagar su estilo de vida.

Si tu estilo de vida actual se paga, por ejemplo, con unos ingresos de 2.000 € mensuales que recibes de tu sueldo, necesitas unos ingresos pasivos de 24.000 € anuales para ser libre financieramente.

En el momento en el que consigas unos ingresos pasivos de 24.000 € serás oficialmente libre: ya no tendrás que trabajar más, salvo que lo desees.

Y ahora la buena noticia: para disponer de todo tu tiempo libre cada día del año lo único que necesitas es ser capaz de generar una cantidad mensual de ingresos pasivos que te permita pagar tus gastos actuales, lo cual puede conseguir cualquier persona en unos pocos años si pone su foco y su atención en ello.

---

**Proyecto 3.000**

Con 3.000 € de ingresos pasivos mensuales (ingresos que no provienen de tu trabajo) cualquier familia de cuatro miembros puede vivir bastante bien en cualquier país del mundo sin necesidad de trabajar a cambio de dinero. Quizá no vivan una vida llena de lujos pero definitivamente será una buena vida.

En España, por ejemplo, se puede vivir bien con esa cantidad. En otros países posiblemente puedas vivir aún mejor. De modo que cuando generes un capital cuyo rendimiento sea de 36.000 € netos anuales, habrás construido tu pasaporte a la libertad.

Como además seguirás desarrollando alguna actividad que dote de significado a tu vida, es muy posible que generes otros ingresos que se sumarán a estos 36.000 € anuales.

---

Si esto te parece descabellado, imposible o no sabes por dónde empezar, quizá puedas plantearte este objetivo como tu *moonshot project*.

Este término toma el nombre del proyecto del Apolo 11, que en 1969 puso al primer ser humano en la Luna, ocho años después de que J. K. Kennedy ofreciera un inspirador discurso en el que propuso a la nación el reto de llevar una persona a la Luna y hacerla regresar con vida a la Tierra.

Este proyecto, que pareció descabellado en un principio, desafió a científicos e investigadores para ofrecer su mejor versión y hacerlo así posible.

Google ha popularizado el término *moonshot project* años después para referirse a proyectos que no tienen por qué ser rentables en primer término, pero que se proponen encontrar una solución radical a un problema a través de una propuesta disruptiva.

A veces no se trata tanto de lograr el objetivo en el tiempo propuesto como de que este objetivo nos sirva para movilizarnos con el foco y la energía *concentradas en su consecución*.

Según el libro *Rich Habits, Poor Habits*, solo el 4 % de los pobres se convierten en ricos. La principal razón probablemente sea que pocos se lo proponen. Es posible que no tantas personas deseen ser ricas, aunque la mayoría sí que desean mejorar su situación financiera.

El desafío de lograr la independencia financiera quizá constituya tu primer paso para conseguir una mejor situación financiera. A veces nos proponemos llegar a Marte y solo llegamos a la Luna, pero llegar a la Luna es mejor que no llegar a ningún sitio.

> Solo el 4 % de los pobres se convierten en ricos. La principal razón probablemente sea que pocos se lo proponen.

¿Te has detenido a pensar lo que podrías hacer con tus días si pudieras dedicarlos a lo que deseas desde que te levantas por la mañana?

Muchas personas ya lo han logrado y espero que la respuesta a esta pregunta te inspire para dar el primer paso hacia tu independencia financiera.

No sé si es fácil, pero sí sé que es posible.

**Ejercicio:**

Dedica un tiempo cada día o cada semana a decidir cuál va a ser el primer paso que vas a dar para empezar a caminar hacia la independencia financiera.

# 16.
# Ingresos pasivos e ingresos activos

«Mi sueño es el de Picasso; tener mucho dinero
para vivir tranquilo como los pobres.»

FERNANDO SAVATER

«*Easy come, easy go.*»

DICHO POPULAR ANGLOSAJÓN

«Lo menos frecuente en este mundo es vivir. La
mayoría de la gente existe, eso es todo.»

OSCAR WILDE

«Ingresos activos» son aquellos que te llegan como consecuencia
de intercambiar tu tiempo por dinero. Son los más frecuentes,
y la educación que recibimos está orientada principalmente a
enseñarnos cómo intercambiar tiempo y conocimiento a cambio de dinero.

Ofrecer tiempo a cambio de una contraprestación económica es muy gratificante cuando se trata de una opción libremente elegida. Cuando no lo es constituye un problema porque
deja sin tiempo a quien lo hace.

Ofrecer tiempo a cambio de una contraprestación económica
está genial cuando se trata de una opción libremente elegida.

Los «ingresos pasivos» llegan como consecuencia de que tus activos ofrecen valor de alguna forma. Los ingresos pasivos por definición llegan sin que tengas que intercambiar tiempo a cambio de dinero. Después, en la práctica, casi todos los ingresos pasivos requieren una mínima intervención temporal, aunque sea mínima, pero estoy seguro de que ya entiendes de qué estoy hablando.

> Los ingresos pasivos llegan como consecuencia de que tus activos ofrecen valor de alguna forma.

Los ingresos pasivos exigen tu intervención temporal al principio, cuando generas o compras ese activo. Por ejemplo, cuando compras una propiedad inmobiliaria, cuando seleccionas en qué valores vas a invertir, o cuando analizas opciones para crear una empresa.

Después requieren alguna mínima intervención temporal por tu parte, pero a cambio, siempre que todo salga bien, te ofrecen dinero recurrentemente.

Los ingresos activos tienen un problema y es que experimentan un límite: llega un momento en el que no puedes trabajar más horas, aunque lo desees. Por otra parte, si un día no te apetece o simplemente no puedes trabajar, tu capacidad para generar ingresos puede verse seriamente afectada.

Los ingresos pasivos son ilimitados ya que aumentan en tanto que aumenta tu capacidad para diseñar sistemas que sean capaces de entregar valor sin tu presencia física.

Hay una manera fácil para saber si tus ingresos son activos o pasivos: si ganas dinero mientras duermes, entonces tienes ingresos pasivos. Si solo ganas dinero mientras estás trabajando, entonces tus ingresos son solo activos.

Hay un momento que casi todas las personas que disponen de ingresos pasivos recuerdan y es el primer día que ingresaron dinero mientras dormían. Ese es un día que marca un antes y un después en la vida de muchas personas.

La propuesta es sencilla, construye tu primer activo que te proporcione ingresos pasivos. No importa la cantidad: lo que importa es empezar a incorporar esta nueva manera de pensar. Lo más complejo es empezar el cambio de mentalidad e integrar que se pueden recibir ingresos sin estar involucrado temporalmente en ello.

Los ingresos pasivos son...

- VARIABLES. Posiblemente habría períodos en los que te ofrezcan mejores resultados que en otros. Los ingresos pasivos no están garantizados. La libertad requiere dejar a un lado la seguridad con un mínimo importe garantizado.

- RECURRENTES. Al ser consecuencia de un sistema que entrega valor continuamente, percibirás su remuneración de manera periódica, siempre que ese sistema siga ofreciendo valor, por supuesto.

- ESCALABLES. Una vez creada y puesta en funcionamiento una fuente de ingresos pasivos, podrás dedicarte a escalarla (hacerla crecer), o a montar otra. Como no requiere de tu tiempo o requiere de muy poco para su funcionamiento, puedes escalarla si lo deseas.

- DELEGABLES. Por definición tiene que ser delegable, ya que de lo contrario no sería un ingreso pasivo sino un ingreso activo.

- DIVERTIDOS. Selecciona un área que te guste, acorde a tu propósito y en el que te parezca divertido seguir aprendiendo. De lo contrario te resultará fatigoso crear estas fuentes.

# 17.
# Interés compuesto

«El interés compuesto es la séptima maravilla de la naturaleza.»

«La riqueza es la transferencia de dinero de las personas impacientes a las personas pacientes.»

WARREN BUFFET

Vamos a hacer un pequeño juego. ¿Te apetece? Imagina una hoja de papel, que tienen alrededor de 0,1 milímetros. Ahora imagínate que la doblo en dos ocasiones. ¿Podrías decirme qué grosor tendría el resultado?
¡Exacto: 0,4 milímetros!
Ahora imagínate que te pregunto cuánto mediría si la doblo veinte veces?
¡Haz un pequeño cálculo mental rápido antes de seguir leyendo por favor!
¿Y si la doblo treinta y ocho veces?
¡Por favor, no sigas sin hacer una conjetura!
¡No sigas sin hacer los deberes!
¿Ya has hecho tu apuesta?

¿Seguro?

¡Haz un cálculo rápido antes de seguir leyendo, confía en mí!

¡Vamos allá!

Si la doblo veinte veces, el resultado serían cincuenta metros.

¿Has calculado cuánto sería si la doblo treinta y ocho veces? Pues si la doblo treinta y ocho veces, el resultado son 12.000 kilómetros. Y si la doblo cincuenta y dos veces, el resultado son 150 millones de kilómetros.

¡Asúmelo: tu cerebro no se maneja bien haciendo cálculos a largo plazo!

No te preocupes: los seres humanos no somos capaces de anticipar las cifras que produce el interés compuesto.

Ponte cómodo en tu butaca porque estás a punto de conocer una de las herramientas más fascinantes que puedes llegar a emplear para hacer crecer tus recursos en el medio y sobre todo largo plazo.

El interés compuesto se produce cuando el resultado o interés de una inversión se suma al capital principal de esa inversión para que vuelva a rendir intereses en el período siguiente.

Por eso ningún banco puede ofrecerte interés compuesto.

El interés compuesto sucede cuando tú tomas la decisión de sumar los resultados de una inversión al capital principal para que sigan ofreciendo intereses.

El interés compuesto sucede cuando en lugar de comerte los intereses de tus inversiones los añades al capital que tienes invertido.

**La jubilación del café**

Muchas personas gastan 10 euros al día en café o en comer fuera de casa. Si una persona invirtiera ese importe de 10 € al día durante 40 años al 9 %, que es el interés medio de la Bolsa en EE. UU., en los últimos 40 años, al final de ese período tendría más de 1 millón de euros, y si lo invirtiera al 10 % –solo un punto más– terminaría el período con casi 1,8 millones de euros.
Haz el cálculo si lo deseas.
Recuérdalo: tu cerebro no es bueno calculando cifras a largo plazo.

Imagina que tienes 100 euros invertidos al 10 % anual. Al final del primer año puedes disponer de los 10 euros que te ha generado tu inversión. Pero también puedes unirlos a los 100 euros y poner de nuevo al 10 % esa nueva cantidad: 110 euros. Si lo haces así, al final del segundo período tendrás 110 euros de capital y 11 euros de intereses. Si sumas los 11 euros a los 110, para el tercer período dispondrás de 121 euros para invertir al 10 %.

Si actúas de esta manera, estarás aplicando el interés compuesto a tus inversiones y, si lo haces, el crecimiento de tus inversiones en el medio o largo plazo será exponencial. Pero como nuestro cerebro no es bueno haciendo cálculos en el largo plazo, no somos capaces de darnos cuenta de la importancia que tienen esos 10 euros y esos 11 euros dentro de unos años.

Hay un cuento que dice que en la antigua China, el emperador tenía un grave problema y solicitó ayuda en todo el Imperio ofreciendo a quien fuera capaz de solucionarlo cualquier cosa que el consejero le pidiera.

Finalmente, el consejero con la solución al problema apareció e hizo su petición al emperador: quería un tablero de ajedrez y que en cada casilla el emperador pusiera el doble de arroz que en la casilla anterior. En la primera casilla pondría un grano.

Aunque al emperador le pareció una petición insólita y barata, afirmó que si ese era su deseo, podía contar con ello.

¿Cuánto arroz supuso esto para el emperador?

Todo el del mundo. Este consejero acabó por arruinar al emperador porque jamás ha existido tanto arroz en el mundo...

Vamos a entender el valor del interés compuesto con unos ejemplos.

### Diferencia entre rentabilidad de 10.000 € a interés simple y a interés compuesto

¿Cuánta rentabilidad ofrecen 10.000 € con interés simple a 15 años?

Si la rentabilidad es del 5 %, el resultado final (500 € por año) será de 15.000 €.

Si la rentabilidad es del 10 %, el resultado final es de 20.000 €.

Si la rentabilidad es del 20 %, el resultado final es de 30.000 €.

¿Cuánta rentabilidad ofrecen esos mismos 10.000 € con interés compuesto, es decir, sumando cada año los intereses al capital principal?

Si la rentabilidad es del 5 %, el resultado final es de 16.288 €.

Si la rentabilidad es del 10 %, el resultado final es de 25.937 €.

Si la rentabilidad es del 20 %, el resultado final es de 61.917 €.

Pero si llevamos esta progresión hasta los 20 años, el resultado es de casi 400.000 €.

A medida que pasan los años el interés compuesto ofrece resultados espectaculares.

## El valor del tiempo en el interés compuesto

El tiempo es decisivo para que el interés compuesto ofrezca los resultados que esperamos. Por eso es tan importante empezar cuanto antes a trabajar sobre nuestras inversiones. Espero que estos ejemplos del seminario de finanzas personales del masterdeemprendedores.com te ayuden a entender lo importante que es empezar cuanto antes a ocuparnos del dinero.

**Ejemplo 1.** Diferencia para comprender el valor del tiempo

|  | María Rápida | Manuel Lento |
|---|---|---|
| Al empezar a invertir tiene... | 25 años | 35 años |
| Cada persona invierte 200€ al mes durante... | 10 años | 30 años |
| Con una tasa de retorno de sus inversiones del 8% anual, cuando tienen 65 años sus inversiones valen... | 357.028,91<br><br>He aquí el valor de empezar pronto aunque dejen de hacerse aportaciones. | 293.630,11<br><br>A pesar de haber invertido durante tres veces más tiempo y habiendo seguido haciendo aportaciones anuales, está 60.000€ por detrás |

**Ejemplo 2.** En este ejemplo volvemos a entender la importancia que tiene el tiempo para que el interés compuesto ofrezca los resultados que deseamos.

Carolina y Andrés son hermanos gemelos. Andrés decide no estudiar y comienza a trabajar a los 18 años. Vive con sus padres y es capaz de ahorrar 2.000 € al año que invierte en un plan de jubilación. Este ahorro e inversión los hace durante 8 años seguidos. Después de ocho años deja de ahorrar habiendo aportado un total de 16.000 €.

Su hermana Carolina estudia medicina. Comienza sus prácticas a los 26 años y empieza a invertir 2.000 € anuales en su plan de jubilación y lo hace durante 40 años, desde los 26 hasta los 65. En total ha hecho unas aportaciones por valor de 80.000 €.

Ambos han invertido en el mismo tipo de plan de jubilación. Carolina comenzó a invertir justo cuando su hermano finalizó (después de 8 años) y siguió invirtiendo durante 40 años.

Cuando se jubilaron a los 65 años, ¿qué plan de jubilación tenía más dinero?

Imaginemos que cada hermano ha conseguido un 10 % de retorno. Carolina habrá conseguido 885.185 € pero su hermano Andrés habrá conseguido 1.035.160 €, es decir 149.975 € más que su hermana.

Mientras que Andrés ha invertido solamente 16.000 € y su hermana Carolina 80.000 €, su dinero ha generado interés durante ocho años más que su hermana.

# 18.
# Libertad financiera
# y colchón de tranquilidad

«Tarde o temprano la disciplina vencerá a la inteligencia.»

La libertad financiera es la cantidad de tiempo que puedes seguir viviendo con el dinero que tienes ahorrado suponiendo que hoy mismo cesase cualquier tipo de ingreso, tanto activo como pasivo.

Si cada mes gastas, por ejemplo, 1.000 € y tienes ahorrados 6.000 € en tu cuenta bancaria, entonces tu libertad financiera es de seis meses.

Es decir, dispones de liquidez para poder seguir manteniendo tu estilo de vida actual durante seis meses si mañana cesasen todos los ingresos. Si cada mes gastas 1.000 € y no tienes ahorros, entonces vives al borde del abismo.

Me da mal rollo el mero hecho de pensarlo.

> La libertad financiera es la cantidad de tiempo que puedes seguir viviendo con el dinero que tienes ahorrado suponiendo que hoy mismo cesase cualquier tipo de ingreso, tanto activo como pasivo.

La libertad financiera habla de la supervivencia de tu economía en el peor escenario posible, y es importante tenerlo previsto.

El colchón de tranquilidad –así es como me gusta llamarlo– es exactamente esto: un colchón de tranquilidad que idealmente no debes usar salvo para circunstancias realmente excepcionales. Irse de vacaciones o arreglar el coche no lo son. Cuidar de un familiar que ha caído gravemente enfermo o arreglar un derrumbe del techo de tu casa sí que lo son. ¿Entiendes la idea? Disponer de un colchón de tranquilidad no garantiza nada. Sin embargo, proporciona calma y seguridad y es una de las primeras etapas en el camino de la independencia financiera y de hacernos dueños de nuestras finanzas personales.

¿Cuánto tiene que tener mi colchón de tranquilidad? El Banco de España, por ejemplo, lo llama «fondo de emergencia» y en su sitio web www.finanzasparatodos.com dice que «se recomienda acumular un fondo equivalente a entre tres y seis meses de gastos normales, es decir, lo suficiente para pagar la hipoteca o el alquiler y la cuota de los demás préstamos, comida, luz, seguros, colegios, etc., durante ese período».

Sugerir esta cantidad me parece que es conducir a las economías domésticas al borde del precipicio. Tener –en el mejor de los casos– solo seis meses ahorrados significa literalmente estar a seis meses de la quiebra; es decir, estar a seis meses de no poder afrontar los gastos y compromisos adquiridos si por la razón que sea dejasen de entrar ingresos de manera inmediata. Por mucha confianza que se tenga en la vida –yo la tengo– creo que disponer de seguros y de un colchón de tranquilidad de entre uno y dos años es necesario para no sufrir estrés innecesariamente, pero sobre todo para estar mínimamente cubierto en el caso de que aparezca algún imprevisto.

Adicionalmente, esta definición asume que tenemos que pagar hipoteca o alquiler (¿Por qué?) así como que hay otros préstamos (¿Por qué se da por hecho que estaremos endeudados?). Por cierto, esta información está extraída del sitio web que supuestamente informa a la población en España acerca de cómo organizar sus finanzas personales.

Lo que me extraña verdaderamente es que no estemos peor de lo que estamos.

Por otra parte, la mayoría de los asesores financieros recomiendan tener al menos un año ahorrado para poder afrontar posibles imprevistos, cantidad que me parece mucho más sensata y que podría ser un primer objetivo para empezar a poner orden en tus finanzas personales si algún problema o imprevisto llegase a acontecer.

Sin embargo, la cantidad que te proponemos aquí como óptima es una que oscile entre año y medio y dos años de tus gastos mensuales habituales.

En el hipotético caso de que el peor escenario posible llegase a acontecer y no tuvieras ningún tipo de ingreso —lo que ya de por sí es improbable— aun así tendrías de dieciocho a veinticuatro meses para reaccionar, buscar otras fuentes de ingresos y diseñar una estrategia para solucionar la situación.

Un período de tres a seis meses parece demasiado ajustado para reorganizar según qué tipo de situaciones.

Permíteme que te comparta una forma de hacer las cosas que explica por qué creo que un año y medio o dos de colchón de tranquilidad es una buena idea.

En cierta ocasión me acerqué a ver la catedral que un señor llamado Justo está construyendo en Mejorada del Campo, un pueblo a las afueras de Madrid. Lo interesante es que está haciendo esto al margen completamente de la Iglesia y solo con la ayuda que algunas personas le ofrecen a modo de donativo.

Cuando me contaron esta historia me pareció insólito que alguien se plantease semejante empresa, así que me acerqué para ver su construcción y para charlar con él sobre su sobrehumana tarea: construir una catedral por sí mismo en el plazo de una vida. El edificio es decididamente ecléctico y caótico porque está construido a partir de los materiales que sin ningún orden, concierto o planificación le van donando empresas y particulares.

En la visita algo me llamó la atención y fue que los muros de la catedral eran especialmente anchos para la altura del edificio. Ni siquiera en las construcciones románicas más primitivas se construía con ese grosor, así que le pregunté la razón. Su respuesta fue de una lógica sobrecogedora y me recordó el principio de los dos años de colchón de tranquilidad.

Me comentó que había preguntado a varios arquitectos y le recomendaron una anchura de muros determinada. También me dijo que como él no es arquitecto, no sabía mucho del asunto, y además quería estar seguro de que el edificio no se cayese si hacía algo mal, había decidido incrementar la anchura del muro para asegurarse de que el edificio seguiría en pie.

No es algo muy sofisticado, estamos de acuerdo, pero seguramente el edificio no se caerá. Probablemente no es muy eficiente disponer de un colchón de tranquilidad de año y medio o dos años, pero a cambio es seguro que vas a dormir bien por las noches, y que podrás adoptar buenas decisiones profesionales, así como aceptar solo los mejores trabajos y clientes.

Es posible que te estés preguntando cómo empezar a construir este colchón de tranquilidad si apenas llegas a fin de mes. La respuesta no es sencilla y va a depender mucho de las circunstancias de cada persona, pero hay dos claves que puedes poner en práctica ya mismo:

1. Empieza ahorrando un porcentaje independientemente de la cantidad que ingreses cada mes. Más adelante aprenderás cómo hacerlo.

2. Estudia los capítulos sobre el ahorro y sobre el gasto para tener más margen de maniobra y poder acelerar la consecución de este objetivo.

Vamos a seguir aprendiendo ideas básicas para que puedas construir antes este colchón de tranquilidad.

# 19.
# Termostato financiero

«Como es arriba, es abajo. Como es adentro es
afuera.»

KYBALION, *Ley de la correspondencia*

¿Has observado en alguna ocasión cómo funciona un termostato? Si la temperatura aumenta, el termostato enciende el aire acondicionado para enfriar el aire. Si la temperatura desciende, enciende el calefactor para calentar el ambiente. Suceda lo que suceda el termostato ajusta la temperatura que hayas determinado previamente.

De la misma manera, tú también llevas un termostato interno, un termostato financiero que está midiendo la temperatura económica del ambiente constantemente para trabajar en un sentido o en otro cuando tus circunstancias económicas externas cambian con respecto a las que tienes prefijadas.

> El termostato financiero provoca que tu vida económica
> se repita hasta que cambias los importes para los
> que está ajustado.

Hace años tuve un cliente cuyo termostato financiero estaba ajustado para tener siempre la cuenta cercana a cero euros a final de mes. Algunos meses tenía 100 euros y otros 600 euros, pero nunca conseguía ahorrar. Entonces cambió de empleo y todo parecía indicar que la circunstancia cambiaría definitivamente porque con el cambio también empezó a ganar sustancialmente más dinero.

Lo que sucedió es que pronto empezaron a surgir gastos imprevistos, lo que unido a que aumentó ligeramente su nivel de vida –al fin y al cabo para eso se había ganado el aumento, pensó– hizo que al final de cada mes todo siguiera igual. El termostato financiero había cumplido con su cometido.

Si tus ingresos caen por debajo de la temperatura económica en la que tienes prefijada los ingresos, entonces tu termostato salta y empieza a buscar soluciones para ingresar más. Si tus gastos aumentan demasiado, entonces de alguna manera encontrarás la forma de pararlos.

El termostato financiero funciona en todas las personas, solo que lo hace para conseguir cantidades diferentes.

Lo importante es tomar consciencia de cómo está funcionando tu termostato para que posteriormente puedas reajustarlo, si lo deseas, a una nueva temperatura.

La mayoría de nosotros estamos programados para funcionar en una escala de ingresos al año y para tener cierto patrimonio. Y si prestas atención, comprobarás cómo posiblemente cualquier circunstancia que desajuste esas cantidades ha sido corregida por tu comportamiento o circunstancias –tu termostato financiero– para regresar a la temperatura prefijada en el termostato.

Es fácil saber a qué temperatura tienes ajustado el termostato porque se corresponde con tus resultados económicos actuales.

> **Es fácil saber a qué temperatura tienes ajustado el termostato porque se corresponde con tus resultados económicos.**

Ninguna cantidad es mejor que otra. Lo importante es que tengas ajustado el termostato a la temperatura que realmente deseas.

# 20.
# Trabajo nutricional

«La sociedad tecnológica ha logrado multiplicar las ocasiones de placer, pero encuentra muy difícil engendrar la alegría.»

PABLO VI

«Nuestro miedo más profundo no es que seamos inadecuados. Nuestro miedo más profundo es que somos poderosos sin límite. Es nuestra luz, no la oscuridad lo que más nos asusta. Nos preguntamos: ¿quién soy yo para ser brillante, precioso, talentoso y fabuloso? En realidad, ¿quién eres tú para no serlo? Eres hijo del universo.»

MARIANNE WILLIAMSON

Un trabajo nutricional es cualquier empleo que se mantiene solo y exclusivamente porque se necesita el dinero que aporta para sobrevivir. Si se diera la circunstancia de que a la persona que lo tiene le tocase la lotería, le surgiera otra oportunidad laboral o experimentase una iluminación sobrevenida súbitamente, dejaría ese trabajo de inmediato.

Se conocen casos extremos de personas que ni siquiera han pasado a firmar el finiquito una vez conocido el hecho de que ya no necesitaban más ese empleo.

Tener un trabajo nutricional no está tan mal como mucha gente piensa si se adopta el enfoque adecuado. Un trabajo nutricional es un excelente campo de entrenamiento.

Algunos profesionales desprecian este paso en su carrera y con frecuencia eso los condena a permanecer allí más tiempo del deseado.

En lugar de aprovechar la oportunidad para entrenar su mejor versión ante una circunstancia desfavorable, algo que necesitarán cuando emprendan o cuando tengan una mejor oportunidad laboral, desarrollan este trabajo de manera mediocre. Y al hacerlo pierden la excelente oportunidad de desarrollo, pagada además por un tercero, que supone dar nuestra mejor versión aun cuando el salario, los compañeros o las tareas por realizar no se corresponden con nuestras expectativas.

> Un trabajo nutricional es una excelente oportunidad para entrenar tu mejor versión cuando las circunstancias no son las más favorables.

Aprovecha la oportunidad que te brinda tu trabajo nutricional: trabaja diez veces más de lo que te pagan. Así de sencillo. Esto es un regalo que te haces a ti mismo al entrenarte y prepararte para el nivel de compromiso que requerirá tu próxima etapa en la vida.

No importa lo que, desde tu punto de vista, la empresa en la que estás merece o no. Lo que importa es que adoptas la decisión de entrenarte en una habilidad que posteriormente vas a necesitar como emprendedor o como persona que disfruta de abundancia económica: la capacidad de ofrecer tu mejor versión permanentemente y de estar comprometido al cien por cien.

Tu objetivo consiste en ofrecer un trabajo de tanta calidad a tu empresa que tu jefe sospeche de ti. El objetivo es que no pueda entender bien cómo es posible que alguien ofrezca semejante desempeño a cambio del dinero que le pagan.

¡Quítale el sueño con tu desempeño! El objetivo final es que se hagan adictos a tu presencia, y que cuando te marches te supliquen que te quedes. Si logras que lloren o se consternen el día de la dimisión, entonces estarás entrenado para el siguiente nivel.

> El objetivo de estar en un trabajo nutricional es que se hagan adictos a tu presencia y que cuando te marches te supliquen que te quedes.

Si no te sale de manera natural hacerlo por la empresa, que sería lo ideal, hazlo al menos por ti.

Si estás en una circunstancia en la que necesitas un trabajo nutricional, podrías plantearte al menos qué te permite aprender este. Si solo te ofrece dinero, quizá quieras plantearte encontrar un nuevo lugar donde, además de dinero, consigas algo de conocimiento.

> Un trabajo nutricional debería ofrecerte, además de dinero, conocimiento y la posibilidad de aprender nuevas habilidades permanentemente.

**PASO IV**
Descubre las diez claves
para ordenar tu economía

# 21.
## Las creencias

«Un hombre está dispuesto a creer aquello
que le gustaría que fuese cierto.»

FRANCIS BACON

«Se tú mismo, pero no así.»

ANÓNIMO

¿Te has quedado alguna noche absorto observando el cielo cubierto por miles de estrellas? Este espectáculo que nos concede la naturaleza en realidad es un trampantojo, porque, aunque da la sensación de que estas estrellas están brillando en este mismo momento, lo cierto es que algunas han desaparecido hace millones de años. Nos llega su luz; sin embargo, llevan muertas mucho tiempo. Lo mismo les sucede a algunas ideas del pasado: las vemos aunque en realidad fallecieron hace mucho tiempo.

> A algunas ideas les pasa como a ciertas estrellas: las vemos aunque en realidad llevan muertas mucho tiempo.

En lo referente al dinero, hay muchas ideas que aprendimos de la familia, los amigos o la sociedad, pero que, como la luz de las estrellas, dejaron de funcionar hace tiempo.

El universo entero está regido por diferentes leyes que funcionan permanentemente. Algunas las compartí en el libro *Vivir con abundancia.* Una de ellas, la Ley de la Creación, afirma que todo lo material tiene origen en lo inmaterial. Por tanto, para lograr generar cambios en lo material (dinero), es preciso primero generar cambios en lo inmaterial (pensamiento y emoción).

Ya sabes que tu mente es una imponente máquina de generar realidad. No hay ningún pensamiento que sea gratuito y que no tenga una consecuencia. Aunque como con frecuencia desconocemos esta capacidad creadora no la empleamos consciente ni responsablemente.

> **Nuestros pensamientos generan realidad todo el tiempo.**
> **No hay ningún pensamiento gratuito.**

Es decir, creamos nuestra realidad sin saber que lo estamos haciendo. Después observamos la realidad y nos preguntamos ¿quién habrá generado esta realidad? Y la respuesta es siempre la misma: tú mismo.

## Cambiar la raíz, no el fruto

Imagina que tuvieras un árbol que te diera cada año frutos de color rojo. En el caso de que para próximas cosechas quisieras frutos verdes, tendrías que realizar alguna acción. Podrías incidir sobre lo que se ve (fruto) o sobre lo que no se ve (raíces).

En el caso de que decidas incidir sobre el plano de lo que sí se ve, quizá pintes los frutos de verde. Pero la próxima cosecha el árbol dará frutos rojos de nuevo.

Sin embargo, si decides incidir sobre el plano de lo que no

se ve, quizá plantes semillas nuevas para empezar a preparar la huerta de cara a que los próximos años ofrezca frutos verdes.

Cada persona tiene una serie de creencias sobre diferentes aspectos de la vida. Una creencia es simplemente lo que consideramos que es verdad, y que, curiosamente, cambia notablemente de unas personas a otras.

> **Una creencia es simplemente lo que consideramos que es verdad.**

Cada persona tiene una serie de creencias diferentes sobre lo que es verdad y sobre lo que no lo es, y obtiene una experiencia de vida perfectamente coherente con estas.

Lógicamente las personas que experimentan resultados similares tienen creencias similares.

Cada persona tiene instalado un conjunto de creencias al respecto de diferentes asuntos. Este conjunto de creencias normalmente ha sido instalado por nuestra familia, amigos, entorno social o influencias culturales que hayamos tenido, salvo que hayamos hecho algo para revisar estas creencias.

Es como si fuera un *software* que una vez instalado ejecuta la misma operación una y otra vez, dando lugar al mismo resultado una y otra vez.

Por eso es preciso revisarlo cada cierto tiempo para comprobar si estas ideas son útiles para los resultados que deseamos obtener. La buena noticia es que las creencias, el cimiento sobre el que se construyen los resultados, pueden cambiarse.

Las creencias son las raíces –lo que no se ve– y es donde se crea verdaderamente el fruto –lo que sí se ve–. Los frutos se crean en las raíces de la misma manera que tus resultados económicos se crean en tus creencias.

Los problemas de dinero no se solucionan con dinero, sino con ideas nuevas.

Necesitamos soluciones inmateriales para los problemas materiales.

Si quieres resultados diferentes, antes es preciso pensar y sentir de manera diferente. Aquí está el reto. Como el entorno influye en nuestra manera de pensar y nuestra manera de pensar produce un entorno, nos encontramos ante un círculo vicioso que solo podemos desactivar a través de la consciencia y de la imaginación.

¿Quieres cambiar realmente tus resultados económicos? Adopta unas nuevas creencias con respecto al dinero. Primero estas creencias no congeniarán con la realidad que estás viviendo. Más tarde producirán una realidad coherente con ellas. Y entonces ya no desentonarán.

No existen creencias buenas o malas. Simplemente hay creencias funcionales o disfuncionales. O bien funcionan para un propósito concreto o bien no lo hacen.

La creencia que para una persona puede ser funcional, para otra puede ser disfuncional, en función de los objetivos que tengan en la vida.

Cada pequeño comportamiento de cada ser humano está basado en una creencia que lo sustenta. Lo interesante, por tanto, es averiguar cuáles son las creencias que aceptamos como válidas, y valorar cuáles nos van a apoyar para conseguir nuestros objetivos, y cuáles, no.

> El bienestar económico tiene paradójicamente poco que ver con el dinero y mucho más que ver con lo que crees respecto de dinero.

Estas son solo algunas de las creencias disfuncionales que te podrían estar alejando de conseguir resultados económicos de prosperidad. Cada una de ellas encierra una semilla de escasez que, plantada en tu cerebro, fructificará pasado el tiempo necesario:

1. El dinero es la causa de todos los males.
2. No me gusta tener que pensar en el dinero.
3. No tengo tiempo para pensar en dinero.
4. Si tuviera suficiente dinero, no trabajaría.
5. El dinero no es tan importante en realidad.
6. El mundo del dinero es complicado de entender.
7. Nadie en mi familia ha vivido con dinero; yo tampoco lo lograré.
8. La gente no quiere pagar mucho dinero por lo que yo ofrezco.
9. Alguien de mi clase social no llega lejos.
10. Para hacerse rico hay que trabajar muy duro.
11. Si monto mi propio negocio, no tendré tiempo para el resto de mi vida.
12. Quien tiene dinero se ha aprovechado de los demás.
13. Hay personas que ganan demasiado dinero.
14. El dinero no es tan importante.
15. No se puede ganar dinero haciendo lo que más me gusta.
16. No me gusta hablar de dinero.
17. Para hacer dinero necesitas tener dinero primero.
18. Un empleo ofrece seguridad.
19. Los ricos no son felices.
20. Invertir es arriesgado.

Ahora es posible que te estés preguntando cómo transformar las creencias disfuncionales que gobiernan tu vida en creencias funcionales para mejorar tus finanzas personales. Te propongo varias herramientas. Todas ellas están encaminadas a transformar paulatinamente lo que no se ve (pensamiento y emoción), para que después se produzcan cambios inevitablemente en lo que sí se ve (plano físico: dinero). Las tres primeras ya las mencioné en el libro *Vivir con abundancia*:

Fragmento de *Vivir con abundancia*, Sergio Fernández, Plataforma Editorial, 2015:

**1. Declaraciones.** Tu cerebro funciona la mayor parte del tiempo en piloto automático, es decir, sin tu participación: simplemente escoge algunos pensamientos, normalmente los de la víspera, y los repite.

Tu cerebro emplea la información de la que dispone para crear pensamientos, así que para sustituir en tu cerebro la información vieja por otra nueva que ofrezca mejores resultados puedes leer frases para aprender a pensar de forma abundante. El objetivo es que empieces a familiarizarte con ellas hasta que formen parte de tu piloto automático diario.

[...]

Vivimos en un Universo vibracional y las palabras también tienen energía. [...] Si te parece que repetir declaraciones no puede tener ninguna influencia, entonces te invito a que repitas cada día «Yo –pon aquí tu nombre y tu apellido– soy la persona más despreciable de mi ciudad».

Seguramente, y con razón, te negarías a hacer esto porque intuitivamente sabes que esto sí que tendría alguna influencia en tu vida. Lee cada día los principios de abundancia que encontrarás en este libro durante el tiempo suficiente y acabarás por disfrutar de resultados diferentes.

Si quieres una lista de los principios de abundancia [...] listos para imprimir y poner en tu despacho, habitación o nevera, puedes ir ahora a www.vivirconabundancia.com y descargártelos gratis. [...]

**2. Decreta.** Cuando veas o escuches algo que no encaja con la nueva forma de vivir con abundancia que has decidido, decreta inmediatamente que no deseas eso y decreta inmediatamente después lo que sí deseas para tu vida. Es imprescindible que cumplas con las dos partes. Si en ese momento no es prudente hacerlo en voz alta, hazlo interiormente. No discutas con nadie, simplemente decreta que eso que has escuchado o que han dicho en tu vida no es verdad (aunque podría serlo para la otra persona) y decreta inmediatamente después lo que sí es verdad en tu vida. Si alguien dice, por ejemplo, «No es posible ganar dinero haciendo esa actividad», inmediatamente puedes decir en tu interior «Eso es verdad en tu realidad pero no en la mía. Yo gano abundantes sumas de dinero desarrollando la actividad que he elegido al tiempo que sirvo a otras personas». No hay nada por lo que discutir porque tanto la otra persona como tú estáis en lo cierto. La única diferencia es que ahora has decidido la abundancia para tu vida y sabes que la otra persona también tiene el derecho de hacerlo cuando lo desee.

**3. Sitia tu cerebro.** Cuando un ejército quiere conquistar una ciudad y que esta se rinda lo que hace es sitiarla y rodearla por todos los flancos durante el tiempo necesario hasta que la ciudad se rinda.

Basado en la ley de la creación, hay algo que puedes hacer si quieres conseguir resultados: sitiar tu cerebro con información relacionada con ese asunto constantemente. De la misma manera que tu cuerpo solo puede estar creado con los alimentos que hayas ingerido, tu cerebro solo puede crear realidad con el alimento que le facilites.

¿Comprendes por qué no es un capricho que restringas el consumo de información de baja calidad, de cotilleos, murmuraciones o de malas noticias? ¿Comprendes por qué es tan importante que bombardees tu cerebro con información de la misma vibración de aquello que deseas para tu vida? ¡Retoma el control de tu cerebro!

Si quieres experimentar cambios en cualquier ámbito, lee libros y mira películas sobre ese asunto, inscríbete en buenos cursos y seminarios que aborden el tema, repite las declaraciones del listado que te facilitamos o créate otras, lee este libro una vez tras otra... Sitiar tu cerebro es limitar la información que consumes solo al asunto con el que estás a foco en cada momento para no distraerte con ningún otro asunto.

Escucha audiolibros o los programas radiofónicos de Pensamiento Positivo en tus desplazamientos y convierte tus horas de transporte en una universidad ambulante. Haz que tu cerebro esté permanentemente enfrascado con ese asunto. Sítialo. Si haces un viaje o vas al gimnasio, escucha un podcast con información sobre la cuestión que estés trabajando en ese momento, relaciónate con personas de tu ciudad interesadas en ese asunto [...].

## 4. Únete a un Mastermind

El objetivo común de estas claves para cambiar tus creencias es transformar progresivamente el tipo de pensamientos que acuden a tu mente cuando aparentemente no piensas en nada.

Tu cerebro ama la repetición, y lo más probable, salvo que hagas algo para remediarlo, es que el tipo de pensamientos que acuden hoy a tu mente sean los mismos que tuviste ayer. Las relaciones son una manera de compartir lo que pensamos y sentimos, y por tanto son un factor determinante a la hora de reforzar y de construir pensamientos y emociones.

De manera que no solo es importante que recibas nueva información sitiando tu cerebro o repitiendo declaraciones, también es importante que después ese trabajo se refuerce en tus relaciones con otras personas.

Lo que haces por una parte no lo puedes deshacer por otra. Acabarás pareciéndote al promedio de las personas con las que más te relacionas. Terminarás ganando el promedio de lo que ganan las personas con las que más te relacionas.

Por eso es tan importante el tipo de personas con las que te relacionas.

> **Acabarás pareciéndote al promedio de las personas con las que más te relacionas.**

Cada grupo social, ya sea familia, amigos o un país, tiene una manera determinada de entender la vida. Para ser aceptado en la mayoría de los grupos se exige de una manera más o menos explícita que compartas las creencias de ese colectivo.

Esto genera un reforzamiento de sus creencias y también una dificultad para que sus miembros cambien su forma de pensar.

Sé que hay que ser verdaderamente valiente para atreverse a cambiar la manera de pensar. Por eso sé que posiblemente serás criticado, o no aceptado por ello. También sé que es nuestro derecho como seres humanos elegir de qué manera queremos vivir.

Encontrar o crear un grupo o colectivo donde podamos relacionarnos con personas que están en un camino de aprendizaje es un factor clave de éxito en el camino de la prosperidad económica.

Si quieres que tu situación económica cambie, vas a necesitar un contexto y unas relaciones que sean acordes a tu nueva vida. Si quisieras dejar de fumar, no parecería que tuviera mucho sentido ir cada día a un club de fumadores.

Algo que cualquier escalador sabe es que a medida que asciende hacia la cumbre hay menos oxígeno y el camino es más solitario. Estar en contacto con otros escaladores con los que compartir ese camino solitario no solo es reconfortante sino también necesario.

La misma semilla puede dar frutos muy diferentes en función del contexto donde crezca. En un contexto fértil la simiente se convertirá en su mejor versión, mientras que en un terreno yermo apenas conseguirá ofrecer un pequeño tallo. ¿Comprendes la importancia que tiene el contexto adecuado en nuestro desarrollo?

Mi abuela decía que dos que duermen en un mismo colchón acaban siendo de la misma condición. A veces la sabiduría ancestral expresa mucho con muy poco.

Una de las prácticas que más transformaciones positivas ha provocado en mi vida ha sido la de pertenecer a un Mastermind.

Un Mastermind es un grupo de personas que se reúnen con una periodicidad y fechas fijadas con antelación con el objetivo de compartir experiencias que les permitan crecer y aprender, desde un acuerdo de confianza y confidencialidad.

En este momento formo parte de dos Masterminds y puedo afirmar que constituyen una excepcional fuente de aprendizaje y de satisfacción personal y profesional.

Ser parte de un Mastermind es como disponer de un consejo de administración gratuito, porque escuchar las experiencias de otros (mejor experiencias que consejos) te ayudará a ampliar tu mirada sobre la vida, pero lo que es más importante: estarás comprometido con apoyarte y con seguir aprendiendo y creciendo con los miembros de tu Mastermind.

Pertenecer al Mastermind apropiado reforzará las creencias adecuadas para mejorar tu situación económica.

Puedes encontrar más información sobre cómo organizar tu propio Mastermind, así como sobre el Mastermind de Instituto Pensamiento Positivo en https://www.pensamientopositivo. org/mastermind.

## 5. Activar la imaginación

Aún recuerdo de muy pequeño a mi tío Tino diciéndome: «O vives como piensas o acabarás pensando como vives».

Lo que esta frase viene a decir es que nuestra mente crea realidad todo el tiempo. Puede hacerlo enfocadamente hacia un resultado elegido por ti (el que piensas e imaginas) y entonces acabarás viviendo como piensas, o puede hacerlo desordenadamente, creando y materializando cualquier pensamiento, que será probablemente aquel que tienes a tu alrededor más a menudo y entonces terminarás pensando como vives.

Si no creamos nuestra vida con nuestro pensamiento y con nuestra imaginación, la forma en la que vivimos terminará por conquistar nuestro pensamiento y nuestra imaginación. Y repetiremos en un bucle infinito una y otra vez la misma realidad. ¿Te resulta familiar esto?

> La capacidad de imaginar una realidad diferente a la que vivimos en este momento es esencial para obtener aquello que queremos en nuestra vida.

Si solo pensamos sobre la realidad que nos rodea hoy, reproduciremos esa misma realidad una y otra vez. La única manera de generar cambios en nuestros resultados (económicos o de cualquier otro tipo) es imaginando una nueva realidad y trabajando hacia ese objetivo una y otra vez, hasta que nuestra realidad acabe por cambiar.

Estar hechizado por la realidad y pensar que lo que hay es la única opción posible desactiva cualquier posibilidad de desarrollo futuro, también económico.

Visualizar unos minutos cada día con todo lujo de detalles y sintiendo como si ya fuera cierto aquello que deseamos es una de las maneras que conocemos para generar cambios. Después, por supuesto, hay que trabajar para hacerlo realidad todo el tiempo que sea necesario.

La emoción con la que lo hagas determinará el resultado. La emoción de angustia o incertidumbre por no saber si este resultado llegará, alejará el resultado aún más, mientras que la de agradecimiento de antemano porque tienes la certeza de que eso llegará, facilitará que se materialice antes.

¿Cómo visualizar?

1. Ten claridad al respecto de lo que deseas para tu vida. Sea una cantidad concreta de dinero o de cualquier otro objetivo. Lo primero es la claridad. Lo creas o no, la mayoría de las personas no tienen claro qué desean.
2. Dedica unos instantes cada día a visualizar aquello que deseas en un estado de calma.

3. Visualízate a ti mismo viviendo esa escena o secuencia como si realmente estuviera teniendo lugar. Siente la temperatura, observa los colores y escucha las palabras que te dicen. Siente la emoción de felicidad que acompaña ese momento de cumplimiento del sueño, y hazlo tanto tiempo como haga falta.

Recuerda: la imaginación es más importante que el conocimiento.

---

Dos libros para comprender mejor la importancia de la imaginación:

- *El poder del yo soy*, Joel Osteen
- *El poder de la consciencia*, Neville Goddard

---

# 22.
# Objetivos económicos

«Intentar cambiar las circunstancias antes de cambiar tu actividad imaginativa, es esforzarse contra la propia naturaleza de las cosas. No puede haber cambio exterior sin un cambio primero en la imaginación. Cualquier cosa que hagas, si no está acompañada de un cambio en la imaginación, no es más que un cambio inútil en la superficie.»

NEVILLE GODDARD

«No sé adónde me dirijo, pero a la velocidad a la que voy pronto lo sabré.»

DICHO POPULAR

En un capítulo sobre objetivos económicos, parece que sería un buen momento para que te arengase acaloradamente a que te plantees hacerte rico para antes de ayer, a que te mires al espejo y te des golpes de orangután en el pecho mientras dices *«Yes, I can»*, y a que abras la ventana para gritar como si estuvieras embrujado porque ahora por fin sabes que vas a ser rico.

Afortunadamente estás a salvo.

Este libro no va de esto.

## Tres pasos para lograr tus objetivos económicos

Los objetivos económicos deberían determinarse en relación con tus objetivos vitales (personales y profesionales), y estos, a su vez, deberían determinarse en función de tu propósito de vida.

| | |
|---|---|
| 1.er paso | Claridad de propósito de vida |
| 2.º paso | Claridad de objetivos vitales |
| 3.er paso | Claridad de objetivos económicos |

En el momento de determinar nuestros objetivos económicos, es fácil que el miedo o la avaricia tomen el control. En ambos casos, si permites que esto suceda, te alejarás de tu verdadera esencia.

El dinero es un medio –como también lo son el tiempo y la salud– que permite expresar tu esencia y vivir tu aprendizaje en esta vida.

Por tanto tener claridad con respecto al propósito es esencial para gozar de una buena relación con el dinero. Mi experiencia me dice que no todas las personas que tienen claridad con su propósito son millonarias. También me dice que sistemáticamente tienen una buena relación con el dinero y la certeza de vivir con abundancia.

Establecer objetivos económicos antes de conocer tu propósito es comprar el tejado antes de saber qué tipo de casa construirás, ni dónde la construirás.

> Hay tres pasos para determinar los objetivos económicos.
> 1. Tener claridad al respecto de cuál es tu propósito de vida.
> 2. Tener claridad sobre tus objetivos personales.
> 3. Tener claridad sobre tus objetivos económicos.

## Los objetivos del ego y los objetivos del alma

Como sabes, creo profundamente que desarrollar la inteligencia financiera es esencial.

Dicho esto, también creo que no todas las personas querrán dedicar la misma energía a mejorar su economía, porque cada ser humano tiene un propósito diferente. Por eso, cuando nos planteamos objetivos económicos es preciso ser muy consciente para no asumir como nuestros los objetivos del ego.

Simplificando mucho, se puede decir que tienes los objetivos del ego y los objetivos del alma.

Los del ego no están conectados con nuestra esencia. Por eso a medida que los cumplimos nos alejan de la persona que somos. Es paradójico porque, cuanto más los logramos, peor nos sentimos como seres humanos.

Los del alma son aquellos que nos permiten desarrollar nuestra potencialidad, están planteados desde el amor y responden a nuestra esencia. A medida que los cumplimos expresamos más la persona que somos y eso nos hace sentir mejor.

Los objetivos del ego van en contra de la vida, por lo tanto su consecución es densa, suelen agotarnos, nos roban vida y no llenan nuestro corazón de alegría.

Pero incluso cuando nos planteamos deseos del alma, son muchas las personas que encuentran difícil materializar sus objetivos.

## Por qué no cumplimos nuestros objetivos

Después de muchos años trabajando en el desarrollo de personas, he aprendido al menos tres causas que impiden que consigamos los objetivos:

1. PORQUE NO LOS DEFINIMOS CON CLARIDAD. ¿Te ha pasado en alguna ocasión que entras en un supermercado sin una idea muy clara de qué compra quieres hacer y acabas comprando cosas que no tenías previstas, e incluso terminas por olvidar aquello que ibas a comprar?

A veces sucede lo mismo en los bufets. ¿Te ha pasado que por alguna razón terminas con alimentos en tu plato que normalmente no consumes en tu casa o que no tenías previsto comer?

Cuando no tenemos claridad sobre nuestros objetivos en un supermercado o en un bufet, terminamos despistándonos y haciendo cosas que no teníamos previstas. En la vida sucede lo mismo.

Es obvio, pero conviene reseñarlo: resulta complicado cumplir un objetivo que no se ha determinado claramente de antemano.

2. PORQUE NOS PLANTEAMOS OBJETIVOS QUE NO SON CO-HERENTES CON NUESTRO PROPÓSITO. Una trucha que se plantease saltar de árbol en árbol probablemente tendría poco éxito. Una ardilla que se plantease bucear más hondo en el río, probablemente no tendría mucho éxito.

Los objetivos económicos solo tienen sentido si son coherentes con tu propósito y con tu esencia.

3. PORQUE CUANDO DETERMINAMOS LOS OBJETIVOS, LOS ENCONTRAMOS TAN LEJANOS QUE DESISTIMOS ANTES DE EMPEZAR, PENSANDO QUE NUNCA PODRÁN LOGRARSE. En ocasiones se enfoca más en lo que hará difícil conseguir ese objetivo que en el objetivo en sí mismo. Los obstáculos es lo que vemos cuando quitamos la vista de nuestro objetivo.

Recientemente tuve la oportunidad de pasar unos días en Dubái, donde tuve la fortuna de conocer la idiosincrasia local. A mi llegada, una vez superado el golpe de calor y el estilo excesivo y recargado que se puede apreciar en cada detalle, empecé a interesarme por el origen de aquellos edificios desmesurados y de aquella ciudad descomunal, que me repelía e inspiraba a partes iguales.

¿Cómo es posible que hubiera semejante concentración de rascacielos, autopistas, centros comerciales, empresas y desarrollo económico en un lugar tan irreversiblemente inhóspito? Lo cierto es que sin ser mi estilo en absoluto, Dubái constituye un claro ejemplo de crecimiento.

Y lo que descubrí es lo que ya había confirmado en pequeña escala en cientos de ocasiones: que no es importante dónde empecemos (un desierto en este caso) sino que tengamos claridad de hacia dónde vamos (una economía pujante en este caso). Dubái hace unas décadas no era más que un desierto, pero con un objetivo claro lo han convertido en una economía vigorosa.

Cuando hablamos de objetivos no es tan importante el lugar donde empezamos como el lugar al que vamos. Tendemos a sobrevalorar los objetivos que podemos lograr en el corto plazo, pero también a infravalorar los resultados que podemos lograr en el largo plazo.

---

El vídeo *¿Recuerdas cuando tenías sueños?* del canal de YouTube Instituto Pensamiento Positivo, de 01:40 de duración, te recordará la importancia de comprometerte con tus sueños ahora mismo.

---

## Un día es una vida en miniatura

Algo que me preguntan a menudo es cómo se pueden conseguir los objetivos que nos planteamos.

Mi respuesta suele ser la misma: para conquistar lo grande, primero hemos de conquistar lo pequeño. Para conquistar el mundo, primero tenemos que conquistarnos a nosotros mismos. Para conseguir resultados en el largo plazo, primero tenemos que conseguir resultados en el corto plazo.

En ocasiones queremos conseguir un gran objetivo cuando en realidad no somos capaces de conseguir un objetivo pequeño en nuestro día a día.

> Para conquistar el mundo, primero hay que conquistarse a uno mismo.

Convertir los grandes objetivos que nos planteamos en el largo plazo en pequeños objetivos para el día a día es una habilidad imprescindible para poder avanzar.

Plantearte pequeños objetivos cada día tendrá además una interesante consecuencia colateral y es que te será fácil decir que no a todo aquello que no esté alineado con tus prioridades.

> Cada día es una vida en miniatura, donde podemos plantearnos microobjetivos relacionados con los grandes objetivos de nuestra vida.

La importancia del Objetivo Estrella:
El objetivo estrella es algo verdaderamente sensacional, algo guau, algo de lo que sentirse orgulloso y por lo que merece la pena dejar de lado todo lo demás…

Tener tu objetivo estrella claro es lo que te permitirá no sentirte culpable cuando digas que no a ese plan alternativo, que también te apetece; o cuando entregues algo que era urgente un poco más tarde de lo acordado porque le diste prioridad a lo verdaderamente prioritario, tal como ahora sabes que tiene que ser.

[…]

Por favor, no te confundas. En un día cualquiera, hoy por ejemplo, solo hay dos tipos de tareas: las que con algo de suerte te permitirán pasar a la historia y salir en las portadas de los periódicos (objetivo estrella) y las que no te llevarán a ningún sitio; y que nadie, ni siquiera tú, recordará dentro de 48 horas (todo lo demás).

La mayoría de las tareas a las que te enfrentarás en el día a día pertenecen al segundo grupo y lamentablemente son las que más van a requerir tu atención. Y ese precisamente es el problema: puedes pasarte toda la vida ocupado mientras tu vida se dirige exactamente a ninguna parte.

Aunque como estarás ocupado es posible que ni siquiera lo adviertas hasta que un día, de repente, en un viaje organizado del Imserso te preguntes con la mirada perdida y mascando unas gachas insípidas… ¿Cómo es posible que me pasara toda mi vida tan ocupado si no he hecho nada significativo con mi vida?

Lo verdaderamente importante no llama a tu puerta. A tu puerta solo llama lo urgente. Con lo importante hay que ser proactivo. Nadie te va a requerir mañana a primera hora que empieces ese proyecto que intuyes que puede revolucionar tu vida o tu empresa. Nadie lo hará, y tal vez por eso no adviertes que estás perdiendo una gran oportunidad al no hacerlo.

[...]

Lo que al final hará que tu proyecto, y tu vida emprendedora, despeguen será fundamentalmente el tiempo que le dediques cada día –cada día es cada día– a tu objetivo estrella. El 80 o 90 por ciento de lo que haces no conduce a ninguna parte. Pero el otro 10 o 20 por ciento, si lo empleas bien, catapultará tu vida automáticamente al siguiente nivel.

SERGIO FERNÁNDEZ Y RAIMÓN SAMSÓ, *Misión Emprender*

---

Tres referencias para aprender más sobre objetivos:
- Artículo «El segundo coche que más me gusta»: http:// www.pensamientopositivo.org/2017/04/03/abundancia-el-segundo-coche-que-mas-me-gusta/
- Puedes leer sobre el concepto de «gratificación aplazada»: https://es.wikipedia.org/wiki/Gratificación_aplazada
- Investiga sobre cómo escribir objetivos con la metodología SMART: http://www.masterdedesarrollopersonal.com/marcarse-objetivos-smart-gustavo-bertolotto/

---

# 23.
# Ingresos

«No se puede saber si alguien es millonario por el tipo de negocio en el que está involucrado ya que el carácter del propietario es más importante a la hora de predecir su nivel de riqueza que la clasificación de su negocio.»

*El millonario de la puerta de al lado*

«Trabaja como si todo dependiera de ti. Reza como si todo dependiera de Dios.»

SAN AGUSTÍN

A estas alturas ya sabes que los ingresos son una contraprestación por el valor que entregas a otras personas. Cuanto más valor entregues, más valor recibirás.

Sabes también que no es la única forma en la que puedes ser retribuido por entregar valor, pero en un mercado la forma más comúnmente aceptada, y la que la mayoría prefiere, es el dinero. Aun así, hay personas que no están tan interesadas en recibir dinero a cambio del valor que entregan, que tienen otras prioridades y que no obstante siguen entregando valor a la sociedad. Insisto: la única contraprestación por entregar valor no son los ingresos, es tan solo la más comúnmente aceptada.

Si escribo este libro y lo leen mil personas, estoy entregando una cantidad determinada de valor. Esta cantidad será mayor si lo leen un millón de personas, y la retribución será, lógicamente, también diferente.

> Los ingresos son la contraprestación por el valor que entregas a otras personas. Cuanto más valor entregues, más valor recibirás.

Después está el mercado y sus desajustes, donde hay actores que no reciben en relación con todo el valor que entregan, y también otros que sin apenas entregar valor reciben extraordinarios ingresos.

Pero aun y con sus desajustes, esta es la forma aproximada en la que funcionan las cosas.

**La clave para generar más ingresos es servir más a más personas**

¿Quieres ganar más dinero? La clave directa es aplicar aquellos talentos que la vida te ha regalado en algo útil para los demás.

El problema no es que ganes poco dinero. Ganar poco dinero es la consecuencia. El problema es que no sabes realmente quién eres, ni los talentos que tienes, ni la forma de ponerlos al servicio de los demás y cuando lo descubras, el dinero dejará de ser un problema.

> El problema no es que ganes poco dinero. Ganar poco dinero es la consecuencia. El problema es que no sabes realmente quién eres.

Tus problemas económicos no se van a solucionar cuando cambien las cifras macroeconómicas; como mucho se disimularán. Tus problemas económicos se solucionarán cuando aprendas a ser más útil para otros.

Los problemas económicos son una llamada de atención de la vida para decirte que no estás aprovechando todo tu potencial. ¿En serio crees que la vida ha sido diseñada para que tú, precisamente tú, de entre todos los seres humanos, pases estrecheces económicas?

¿No te parecería un poco raro? La vida nos ha dado a todos un talento (¿Por qué iba a dárselo a unas personas sí y a otras no?), y está en tu mano ponerlo en funcionamiento o permitir que se marchite. Y si permites que se marchite, después lo harás tú también.

La clave para aumentar los ingresos es ponerte a disposición de la vida, pedirte un problema —tienes unos cuantos para elegir ahí fuera—, y empezar a servir de la manera en la que puedas hacerlo hoy, grande o pequeña, media hora al día o *full-time*, remunerado o sin remunerar, pero siendo útil desde hoy mismo.

> La clave para aumentar los ingresos es ponerte a servir a la vida, pedirte un problema —tienes unos cuantos para elegir ahí fuera—, y empezar a servir de la manera en la que puedas hacerlo hoy.

Si lo haces y te pagan mucho por ello, está genial. Si te pagan poco, también está genial, y si no consigues ingresos por ello, está genial también porque el premio está en el propio acto de servir y de poner tu talento al servicio de otras personas.

Esta es la clave para empezar a progresar económicamente. Y después el premio llegará en el momento en el que tenga que llegar. La vida premia a los generosos y a los pacientes.

Una huerta no crece más rápido por mucha prisa que el agricultor tenga. Las semillas requieren de un tiempo para arraigar, crecer y finalmente dar su fruto. Respetar y entender los tiempos de cualquier proceso en la vida es propio de personas inteligentes. Revolver la tierra para comprobar si la semilla está echando raíces no ayuda a que la planta se desarrolle.

Ponerse al servicio de los demás es un acto de generosidad, como también lo es entregar tu mejor versión, y esto es algo que puedes empezar a hacer hoy mismo, independientemente de cuál sea tu circunstancia.

---

### ¿Por qué trabajé cinco años gratis en la radio?

Aún recuerdo el momento en el que se me ocurrió que iba a dirigir un programa de radio sobre desarrollo personal y profesional. Si la idea de un programa de radio sobre desarrollo personal suena exótica hoy en día, no quiero contarte cómo sonaba cuando la proponía a las emisoras hace diez años: entre descabellada e imposible. Recuerdo perfectamente que no me daban ningún crédito cuando la proponía.

Finalmente, en el verano de 2008 conseguí mi primera sección de 15 minutos sobre desarrollo personal. Pensamiento Positivo como marca no estaba ni registrado; aún recuerdo que la llamé *La asignatura de vivir*. Para resumirte la historia, después de ese momento pasé tres años ofreciendo el programa a las radios con poco éxito, mientras seguía haciendo esta sección en Punto Radio.

Finalmente, por una feliz serie de coincidencias, Gonzalo Estefanía, director de antena de Punto Radio, confió en mí y me ofreció una oportunidad en Punto Radio. Aún recuerdo el momento en el que me llamó para comunicármelo.

Fui tan feliz:

---

después de tres años, tenía una oportunidad. Esto posibilitó que dirigiera Pensamiento Positivo hasta que la emisora cerró (ya como ABC Punto Radio) en 2013.

Hoy los programas consiguen acumular varios millones de vídeos vistos cada año en YouTube, donde los podrás encontrar fácilmente en el canal pensamientopositivo1. También están accesibles los podcasts desde Ivoox.

En todo este tiempo, cinco años, nunca ingresé un salario de la radio y solo en alguna ocasión cobré comisiones por publicidad, pero por el importe de estas y en comparación con el tiempo y dinero que me costaba hacer el programa, para simplificar, casi podríamos decir que no gané nada durante esos años.

Por eso desempeñaba mientras otras actividades. No recuerdo haber trabajado tanto como en aquella época; sin embargo, estaba radiante y lleno de ilusión y de vida.

Le dediqué muchas horas, pagué gasolina, libros y otros gastos para hacer posible el programa. ¡Y me encantaba hacerlo! Mientras tanto yo trabajaba en cada edición de Pensamiento Positivo con una dedicación casi fanática.

La cuestión no era cuánto me pagaban sino aprovechar la oportunidad de poner mi talento al servicio de otras personas. Me siento afortunado de haberlo entendido de forma intuitiva siendo tan joven.

¿Crees que me quejé un solo día? La respuesta es no: nunca. Palabra. Antes al contrario me sentía profundamente agradecido por tener la oportunidad de ofrecer el talento que la vida generosamente me había regalado.

Y lo que pasó después fue un milagro. La radio cerró y los programas que había grabado y subido a YouTube (impulsado por el principio de servir más a más personas) empezaron a verse masivamente.

Y gracias a ello, y a la ayuda de varias personas que creyeron en mí y en el proyecto desde el principio y cuando aquello no era más que un sueño, el Instituto Pensamiento Positivo pudo despegar hasta convertirse en lo que es hoy: una escuela de referencia, consolidada y en crecimiento.

Quizá —nunca lo sabré— si no hubiera trabajado como si la vida me fuera en ello y gratis durante años —cinco para ser exactos— y con mi más alto nivel de compromiso, las cosas no serían como son hoy en día.

Hoy sigo creyendo lo mismo que creía entonces: poner tu talento al servicio de los demás es fuente de abundancia y, por tanto, antes o después, de ingresos, porque el dinero es la consecuencia natural de sentirse abundante.

Aunque aún no sepas de qué forma va a generar ingresos algo que sientes que tienes que hacer, mi punto de vista es que lo mejor es simplemente empezar. Después por el camino ya encontrarás la solución si es que realmente sigues buscándola.

En ocasiones vivir es como tirarse desde un avión con un paracaídas en una caja, y montarlo mientras descendemos: nadie sabe muy bien qué es lo que va a pasar.

## Duplicar tus ingresos cada año

En este sentido una de las ideas que más ha alborotado mi manera de pensar con respecto al dinero es la de duplicar ingresos cada año o, dicho de otra manera, pasar del pensamiento incremental al pensamiento exponencial.

El pensamiento incremental nos lleva a pensar en términos de porcentajes sobre la base de lo que ya conocemos. Si te preguntas cómo podrías aumentar tus ingresos un cinco por ciento para el próximo año, pensarás en términos incrementales.

> **Incrementar un 5 % los ingresos = incremental**
> **Duplicarlos = exponencial**

Si te preguntas cómo multiplicar tus ingresos por diez, piensas en términos exponenciales. Si te preguntas cómo hacer que el consumo de un vehículo pase de cinco litros a los cien kilómetros a un consumo de un cuarto de litro cada cien kilómetros, piensas en términos exponenciales. Y pensar de una manera o de otra generará necesariamente un tipo diferente de resultados.

Durante muchos años, pensé en términos incrementales: este año incrementaré un cinco por ciento los ingresos, por ejemplo. Y pensar así no tiene nada de malo. Pero de repente una idea virus entró en mi cerebro: la idea de duplicar cada año el valor que iba a entregar. Observa que el foco está en el valor que vas a entregar más que en el resultado.

Y eso lo cambió todo.

No importa en qué nivel de ingresos estés ahora. Si consigues ser el doble de útil y entregar el doble de valor al mundo el año que viene, entonces antes o después es posible que termines por duplicar tus ingresos.

En cualquier caso lo que es seguro es que algo suculento va a suceder. ¿No crees?

Y ahora la mejor parte, independientemente del nivel de ingresos que tengas ahora, si consigues repetir esta operación, digamos cinco o seis años, tus ingresos se incrementarán notablemente. Si este año has ganado 25.000 € y duplicas, el año que viene serán 50.000 €, al siguiente, 100.000 €, y al próximo, 200.000 €. Lo único que tienes que preguntarte cada año es cómo puedes entregar el doble de valor al mundo de lo que has entregado este año.

En cualquier caso y al margen de que dupliques, cuadripliques o no logres resultados, lo que es seguro es que entregar más valor a otras personas convertirá tu vida es algo irremediablemente más significativo.

---

**¿Cuánto dinero se necesita para ser feliz?**

En una encuesta de Gallup a casi dos millones de personas de 164 países, los investigadores descubrieron que necesitaríamos ingresar alrededor de 80.000 € al año para estar satisfechos con nuestra vida.

En cualquier caso, cabe destacar que cuando se supera ese nivel de ingresos la felicidad global disminuye.

---

**Tres ideas importantes...**

Independientemente de los ingresos que tengas hoy en día, te dejo con una lista de cuestiones importantes que hay que tener en cuenta en relación con los ingresos:

I. ELIGE CÓMO GANAR EL DINERO. Aunque hay que observar cautelosamente la legislación para hacerlo todo legalmente, en ocasiones hay margen de maniobra y puedes elegir la forma en la que ganar el dinero.

No es lo mismo ganar dinero como empleado, como autónomo, como empresario con una empresa (o con otra), o como inversor. La diferencia en cuanto a las obligaciones, responsabilidades y tipo impositivo son muy diferentes en uno u otro caso. Asesórate bien antes de ganar dinero de una forma u otra. Siempre que lo hagas respetando la legislación estás en tu derecho de elegir. Y las diferencias pueden ser notables en el largo plazo.

2. NO ES LO QUE GANAS, ES LO QUE CONSERVAS. El dinero que ganas es importante pero en el largo plazo es casi más importante cómo lo conservas, lo inviertes y lo proteges. Muchas personas obtienen importantes ingresos y, al mismo tiempo, tienen un patrimonio mínimo o incluso solo deudas.

3. COLECCIONA FUENTES DE INGRESOS. Trabaja en la medida de lo posible para evitar tener una sola fuente de ingresos lo antes posible. Inicia tu colección de fuentes de ingresos. Si cada año creas una fuente de ingresos, antes o después serás libre financieramente. Lo único que te pido es una al año... ¿Tenemos un trato con esto?

# 24.
# Gastos

«Necesito muy poco y lo poco que necesito lo necesito muy poco.»

SAN FRANCISCO DE ASÍS

«Tenemos empleos que odiamos para comprar cosas que no necesitamos.»

BRAD PITT

Imagina que estás haciendo una travesía en un barco por el océano. Estás a miles de kilómetros de tierra y de repente oyes un golpe. Algo ha chocado contra el casco y ha provocado una vía de agua que está empezando a inundar el fondo de la embarcación. Dispones de muy poco tiempo para reparar ese agujero o de lo contrario el barco se hundirá irremediablemente. En ese momento puedes dejar para más tarde el barnizado de la cubierta. Probablemente tampoco será el momento idóneo para ajustar el rumbo con la carta de navegación. En ese momento hay una prioridad: hacer todo lo posible para que el barco no se hunda.

El barco es tu economía y los gastos son la vía de agua. Salvo que los detengas rápidamente acabarán por hundirte.

¿Has dicho alguna vez «No sé en qué se me va el dinero»? Pues como no encuentres rápidamente la respuesta a esta pregunta, tu barco terminará naufragando.

> Los gastos son la vía de agua en tu economía, y salvo
> que los detengas acabarán por hundirte.

## Controlar los gastos es solo el primer paso

El mero hecho de controlar los gastos no va a llevarte a ningún sitio interesante. Pero, si no lo haces, no podrás ir a ninguna parte porque tu barco se irá a pique.

Controlar los gastos es solo el primer paso para empezar a poner orden en tu economía. Después te seguirá quedando mucho trabajo.

> Controlar los gastos es solo el primer paso.

## Contarte la verdad como primer paso

El primer paso para controlar los gastos es contarte la verdad sobre los gastos que realmente tienes.

¿Y cómo lo vas a hacer? Con una herramienta muy sencilla que se llama Control de Ingresos y Gastos. Esta herramienta permite registrar cada ingreso y cada gasto que tienes a lo largo del mes. Es algo sencillo y rápido que te permite empezar a saber cómo gastas tu dinero.

Los números ofrecen verdad y sin verdad no hay libertad. Sin datos no hay paraíso. Ganes mucho o ganes poco necesitas saber cuánto ingresas exactamente y cuánto gastas exactamente si quieres llegar a alguna conclusión.

Soy consciente de que a priori llevar el control de cómo gastas el dinero no es el plan más sexy que puedes concebir. Pero a cambio te permitirá acceder a infinidad de planes mucho más sexis el resto de tu vida.

La verdad protege a quien la practica y tener la verdad de cuánto ingresas y de cuánto gastas y cómo es un primer paso ineludible.

## El problema con los gastos no es la falta de ingresos

Muchas personas creen que, si aumentan sus ingresos, el problema que tienen con sus gastos desaparecerá. Sabemos que esto no es necesariamente cierto. Quien tiene problemas con los gastos cuando gana 1.000 €, probablemente seguirá teniendo problemas con los gastos cuando gane 2.000 €.

Cuando aumentamos los ingresos, salvo que hayamos desarrollado la disciplina en el control de gastos, lo que sucede es exactamente lo que imaginas: los gastos vuelven a aumentar también.

El exceso de gasto denota en ocasiones carencias afectivas o emocionales. Estamos condicionados para pensar que, si nos falta algo, podemos comprarlo.

Sin embargo, ninguna compra saciará definitivamente el hambre o la necesidad de afecto, ni aportará verdadero significado a tu vida. Una buena idea para controlar los gastos es preguntarse qué necesidades emocionales o espirituales no están resueltas.

Cuando se está sencillamente bien no hay tanta necesidad de gastar porque simplemente ya estamos bien. Gastar dinero que no se tiene puede hablar en ocasiones de una compensación de alguna carencia.

Comprar algo que no puedes permitirte de manera frecuente constituye una adicción. Y las adicciones compensan un vacío que sentimos en nuestra vida, llenando con el objeto de la adicción ese vacío que no percibimos.

En ese sentido tener una propensión al gasto puede ser una pista sobre la necesidad de empezar a trabajar asuntos emocionales no resueltos.

Cuando tienes emociones que no sabes que tienes, entonces tienes gastos que no sabes por qué tienes.

## Gastar un 50 % de lo que ingresas

Hay un principio básico y es que no puedes gastar más de lo que ingresas. Nunca.

> **No puedes gastar más de lo que ingresas. Punto.**
> **Y mi propuesta es que no gastes más de un 50 %**
> **de lo que ingresas.**

Aun así muchas personas lo hacen; también sus gobernantes en un acto de irresponsabilidad, comprometiendo al hacerlo el futuro de sus países.

Esto es lo que pasa cuando ciegos guían a ciegos.

Gastar más de lo que se ingresa es una locura financiera. No importa quién diga lo contrario: repetir una mentira cien veces no la convierte en verdad.

Gastar menos de lo que se gana es un acto mínimo de responsabilidad para contigo, tu familia y la sociedad. Aunque, si no llevas control de ingresos y gastos, esto puede llegar a ser complicado. ¿Entiendes por qué es imprescindible conocer la verdad de tu economía?

De hecho, la propuesta que te hago es la de no gastar más

de la mitad de lo que ingresas. Más adelante comprenderás por qué cuando aprendas a gestionar tu economía con un presupuesto familiar.

Cuando explicamos esta idea del 50 %, así como la forma de llevarla a la práctica en el seminario Vivir con Abundancia, muchas personas suelen decir que no podrían llevar la vida que llevan en este momento. Lo cierto es que muchos no deberían llevar cierto estilo de vida porque lo están haciendo con recursos del futuro.

Comprar consumo con préstamo o con tarjeta de crédito es una locura financiera que arrastra cada día a millones de personas a trabajar para pagar los intereses de esa deuda.

Si tienes hijos o familiares jóvenes, posiblemente uno de los mejores regalos que puedes hacerles es ofrecerles educación financiera porque les estarás regalando libertad y capacidad de elección. A mí me hace muy feliz regalar educación, porque creo que eso es regalarles un futuro mejor a nuestros seres queridos.

---

**La diferencia entre regalar corbatas o regalar libros**

Un estudio PISA revelaba que una casa donde hay menos de veinte libros aumenta las posibilidades de fracaso escolar, mientras que una casa con más de doscientos libros es casi sinónimo de éxito académico.

---

Regalar educación financiera es regalar un futuro mejor.

Recuerdo que un día, en un seminario, cuando estábamos explicando la idea de no gastar más del 50 % de los ingresos personales o familiares, una persona se rebeló y dijo que si adoptase este sistema con su sueldo, no podría vivir en la casa que vive ni pagar su estilo de vida. Ni siquiera aunque aumentase ese porcentaje al 80 %. ¡Exacto!, le dije yo. ¡Eso significa que no puedes! Gastaba cada mes todo lo que tenía y esto le hacía pensar que tenía una situación económica mejor de lo que en realidad era. Lo cierto es que iba de sueldo en sueldo, y estaba siempre a pocos días de la bancarrota.

Eso no es vida. Nos merecemos algo mejor.

---

### Tener un plan

Durante casi diez años viví en un piso de treinta metros cuadrados, un cuarto interior sin ascensor en Lavapiés, en el centro de Madrid, conduje un coche que cuando salía de la gasolinera valía tres veces más que cuando había entrado, y durante algunos años —no tantos afortunadamente— no me pude ir de vacaciones. Aun así nunca permití que mis ingresos superasen a mis gastos ni me moví del plan que había trazado.

Nunca superé el presupuesto real que podía gastar por varias razones, pero principalmente porque nunca me ha gustado que mi felicidad dependa de las circunstancias externas. Prefiero que dependa del hecho de tener un propósito claro para vivir, y esto sí que lo he tenido siempre claro.

La segunda razón es que decidí contarme la verdad en todo momento sobre mi situación económica y vivir en coherencia con esta. Y también por respetar el principio de no gastar idealmente más del 50 % de lo que ingresara en los gastos del día a día y nunca, bajo ningún concepto, un euro más de lo que ingresase.

La tercera razón es porque tenía un plan, y un plan vale mucho más que unas vacaciones o un coche resplandeciente.

---

Tenía un plan para disfrutar de una vida mejor y mientras tanto cumplía humilde y alegremente el propósito que la vida me había encargado. Solo pedí dinero prestado una vez y fue para pagarme educación, y no gasté más de lo que podía, aunque tuviera por ello que privarme de algunas cosas, y vivir en un apartamento que no cumplía con mi ideal.

De alguna manera la vida fue generosa conmigo para hacerme entender que, si esa era la casa en la que podía vivir, esa era la casa en la que iba a vivir hasta que me hubiera ganado una circunstancia diferente.

Recuerdo una época en la que tuve unos vecinos que se emborrachaban por la noche y generaban muchas molestias. Recuerdo que mientras llamaba a la policía casi cada noche pensaba que era un regalo que me hacía la vida para espabilar.

Finalmente, el tiempo, muchos años después, terminó por darme la razón de que había escogido el camino correcto.

Hay situaciones en la vida en las que estamos rodeados de niebla y no sabemos qué camino tomar.

Sin embargo, como el navegante que aunque no vea a su alrededor más que niebla sabe que puede seguir adelante porque su carta de navegación así se lo indica, eso fue lo que hice: confiar en mi carta de navegación. Confiar en mi plan.

## Una nueva visión de cada gasto

Cada gasto no es solo el euro que gastas en sí mismo, sino todos los euros que vas a dejar de ingresar como consecuencia de ese gasto. Ya sabes que una de las claves es aprender a hacer que el dinero que ganas después trabaje para ti en lugar de trabajar tú a cambio de dinero.

> Cada euro que gastas es un euro que no podrá trabajar
> para ti en un futuro.

Cada euro que gastas es un euro que no podrá trabajar para ti en un futuro. Cada euro que gastas es un euro que no podrás ahorrar, invertir en tu educación o poner a trabajar para ti durante el resto de tu vida.

Imagina que tienes una vaca. Puedes ordeñarla y beberte la leche que te da, y eso está bien. Pero también puedes emplear la leche que te da la vaca para alimentar a otros terneros que posteriormente te darán más leche, y eso quizás esté mejor.

Ya lo sabes: si estás dispuesto a hacer durante un tiempo lo que muy pocos están dispuestos a hacer, podrás disfrutar durante mucho tiempo de lo que muy pocos pueden disfrutar.

No obstante, obsesionarse con ahorrar tampoco es el camino. La clave en esto también es el equilibrio, y gozar de una vida equilibrada incluye saber gastar cuando hay que hacerlo y también saber no gastar cuando no es el momento de hacerlo.

**Gastos fijos y gastos variables**

Piénsatelo mucho antes de incorporar cualquier gasto fijo a tu economía.

El principio completo es muy sencillo. Póntelo en la nevera para recordarlo bien: colecciona fuentes de ingresos, elimina fuentes de gastos. Si es un ingreso fijo, por poco que sea, lo quieres para ti. Cómpratelo o créalo. Si es un gasto fijo, evalúalo bien antes de incorporarlo.

Cuando tomé la decisión de pagar por un servicio para poder ver películas en casa, estuve pensándomelo un tiempo.

Y no es porque el importe fuera elevado –en absoluto–, sino porque como principio no me gusta tener pagos recurrentes.

La principal idea con respecto a los gastos es sencilla: antes de incurrir en un gasto, pregúntate quién lo pagará y si la respuesta es que tú mismo, entonces detente a reflexionar. Si tienes fuentes de ingresos, los gastos los pagarán tus fuentes de ingresos. Si no tienes fuentes de ingresos, los gastos los pagarás tú. Algo que cualquiera que administre una empresa conoce es que es necesario mantener los gastos fijos y recurrentes lo más contenidos posibles. Los variables también es necesario mantenerlos en orden, por supuesto, pero como es más fácil desembarazarnos de ellos si las cosas no van como esperamos, no son tan significativos.

En este sentido una idea que te puede permitir tener los gastos fijos controlados es alquilar antes que comprar. Sé que esta idea aún suena exótica para muchos, y también que no es válida para todas las personas ni circunstancias, pero en una sociedad cada vez más flexible, líquida e incierta, la idea de que la mayor parte de los gastos sean flexibles puede ayudarte a prevenir problemas en el futuro.

> La idea de alquilar antes que comprar puede ayudarte a prevenir problemas económicos en el futuro.

### Los gastos más importantes

El gasto más importante en el que incurren la mayoría de las familias, además sin ni siquiera ser conscientes de ello, es como ya sabes el pago de impuestos.

El siguiente gasto más importante suele ser la vivienda. Aunque aquellas personas con hijos a su cargo también tendrán que incluir como uno de los principales gastos a sus hijos. En España, según dónde se viva y el tipo de educación que se les quiera ofrecer, cada hijo cuesta de media entre 5.000 € y 25.000 € al año. Una cantidad que a lo largo de veinte o quizá incluso veinticinco años tiene que ser tenida en cuenta para elaborar el presupuesto personal o familiar.

---

**Idea:** Ordena todos los gastos que tuviste el año pasado de mayor a menor y pregúntate cómo podrías disminuir el importe en cada uno de esos conceptos.

---

**Algunas ideas para ahorrar**

Aquí tienes algunas ideas sencillas para ahorrar en el caso de que no sepas por dónde empezar.

1. Antes de comprar nada pregúntate: ¿Qué compro? ¿Por qué lo compro? ¿Dónde lo compro? ¿Para qué lo compro?
2. Intercambia la casa o veranea fuera de temporada. Ahorrarse gran parte del presupuesto de las vacaciones a lo largo de varios años supone una importante suma. Veranea en tu ciudad o región. Seguramente haya muchos tesoros que aún no conoces.
3. Antes de comprar, alquila para probar si realmente te gusta. Si realmente estás convencido, siempre puedes comprar lo que sea que desees más tarde.
4. Compra fuera de temporada, en *outlets* o en rebajas. Tampoco es tan complicado con un poco de planificación.

5. Compra contracorriente. Haz lo contrario a la mayoría. Cuando la mayoría compra, vende. Cuando la mayoría vende, compra. Es increíble la cantidad de dinero que te puedes ahorrar a lo largo de tu vida con este hábito.

6. Compra de segunda mano. Aunque en automóviles o viviendas es especialmente evidente, comprar ciertas cosas de segunda mano puede suponer un importante ahorro con los años.

7. Ten un solo coche, cómpralo con algunos pocos kilómetros y de primera marca para que te dure muchos años. Cambiar de coche suele ser una mala decisión desde el punto de vista económico, de manera que, si te compras un buen coche con idea de no cambiarlo, es posible que en el largo plazo te ahorres ese dinero de más que pagarás por él.

8. Aísla tu casa del exterior térmicamente. Si vives en propiedad, esta es una medida que se amortiza en un plazo razonable de tiempo. Además puedes ahorrar un 80 % de energía con bombillas de bajo consumo con respecto a las normales.

9. Revisa las cuotas del teléfono, electricidad, agua, seguros y cualquier gasto fijo que tengas. Pide una oferta a otras compañías. Haz la prueba.

10. No juegues a la lotería. Nunca. Hablo muy en serio sobre este asunto. Ya pagas bastante impuestos como para pagar más dinero al Estado de manera voluntaria. El problema de las loterías, quinielas, apuestas deportivas y demás juegos de azar no es lo que gastas en ellos –aunque en algunos casos también–, sino que te inducen a pensar que algún día es posible que te toquen.

Los juegos de azar llevan a pensar que se puede conseguir algo a cambio de nada y esa idea está reñida con tu progreso económico.

La lotería es el impuesto voluntario que pagan algunas personas libremente por no estar dispuestas a hacer lo que tienen que hacer.

Si vas en serio con el tema de mejorar tus resultados económicos, te invito a que dejes cualquier juego de azar.

---

En 2012 el gasto en Loterías en España fue de 9.250 millones de euros, lo que significa aproximadamente un gasto de 196 € por persona. En 2013 la facturación total del sector editorial en España fue de 2.700 millones de euros, o aproximadamente 59 € por persona. Es decir que en España el gasto por persona en loterías es tres veces mayor que el gasto en libros.

¿A que ahora comprendes mejor por qué pasa lo que pasa?

---

11. No hagas compras grandes a la primera. Si se trata de una compra importante, posponla. Si después te sigue apeteciendo o lo necesitas, adelante con ello.

12. Paga en efectivo. Te hará más consciente de lo que gastas y por tanto es posible que gastes menos. Además los bancos no tendrán tanta información sobre ti, lo cual es un placer adicional a este hábito. Cuanto más se empeñan en que pague con tarjeta, más pago en efectivo.

13. Negocia cada compra grande que hagas. No tiene sentido negociar en el mercado un kilo de espinacas; por favor, no hagas el ridículo en tu barrio, pero cualquier compra grande tiene siempre un margen de negociación.

Pregunta siempre por el descuento y no te centres solo en el precio para negociar, porque eso es regatear. Y negociar y regatear son cosas diferentes. Practicar este hábito, por muy escasa que sea tu habilidad, te ahorrará miles de euros en los próximos años.

14. Compra solo lo mejor. Con frecuencia comprar calidad suele ser más caro, pero acostumbrándote a comprar calidad ahorrarás mucho dinero a largo plazo. No creo que le hagamos un favor ni a nuestro planeta ni a nuestras vidas comprando ropa que dura un año, muebles que duran cinco años o coches que duran diez. Esto hace que a la larga gastes mucho más dinero, destruyas el medio ambiente y que emplees muchas más horas de las necesarias en el propio acto de ir a comprar. Cuando te queden diez minutos de vida es posible que eches de menos haber pasado más tiempo con tus seres queridos, ayudando en tu causa social favorita o leyendo grandes libros, pero probablemente no echarás de menos haber pasado más horas buscando aparcamiento en un centro comercial abarrotado para comprar objetos de baja calidad.

Por otra parte, pienso que cada persona expresa lo máximo que es en lo mínimo que hace. Así que cuando compramos productos de baja calidad, estamos expresando lo que pensamos de nosotros mismos. Mejorar tus resultados económicos no va solo de ganar más dinero, sino de aprender a pensar de otra manera en casi todos los aspectos de la vida.

Repite conmigo: ¡Yo solo me merezco lo mejor!

Te invito a que a partir de ahora solo te pidas lo mejor, y si no puedes comprarlo, pues no lo compres. Te harás un favor a ti mismo y de paso al planeta al reducir el consumo.

Rodearse de calidad no solo es más económico en el largo plazo, sino que le manda un mensaje muy claro a la vida acerca del nivel mínimo que consideras aceptable.

15. Da una paga a tus hijos para que aprendan a ajustarse a un presupuesto y limitar así sus gastos mensuales.

16. Deja de usar la tarjeta de crédito. La tarjeta de crédito está solo para emergencias, o para emplear en el caso de que a la de débito le suceda algo. Salda lo antes posible la deuda de las tarjetas de crédito, si aún la tienes, para acabar con la sangría que para tu economía supone el pago de intereses de las tarjetas de crédito. Por cierto, ¿conoces la tasa de interés de tu tarjeta de crédito?

    ¿Te has preguntado alguna vez cómo es posible que si haces una compra el día 10 de mes ese gasto se repercuta en tu cuenta veinte días más tarde? ¿No te parece sospechosa tanta generosidad? La respuesta es sencilla: porque alguien gana con ello. Quizás es momento de preguntarse quién. Tómate el tiempo que necesites hasta que des con la respuesta.

    Hay estudios que afirman que alrededor del 60 % de las personas no paga sus tarjetas de crédito al final de cada mes. Usar tarjetas de crédito está lastrando tu economía porque lo que te parece una cantidad pequeña en el largo plazo es mucho dinero.

17. Trabajar desde casa total o parcialmente supone un ahorro en desplazamientos, alimentación y posiblemente también ropa, que a lo largo del año puede suponer una importante cantidad. Otra idea si trabajas fuera de casa es que trabajes cuatro días diez horas en lugar de cinco días ocho horas y así de golpe habrás ahorrado un 20 % en transporte y alimentación fuera de casa.

18. Haz solo un regalo en Navidad o en el día del cumpleaños. También puedes adoptar la política de regalar libros (semillas de futuro) o experiencias junto a la otra persona: ir a visitar un museo, preparar una comida o subir una montaña es muy económico y puede construir un bonito recuerdo para siempre.

19. Haz una lista de todos los gastos recurrentes que tienes y pregúntate cómo puedes ahorrar en cada uno de ellos. No somos conscientes de la importancia que tienen en el largo plazo los gastos recurrentes y de la cantidad total que puede suponer a final de año un pequeño ahorro en cada uno de ellos.

# 25.
# Deuda buena y deuda mala

«Yo tenía un amigo que una vez se lanzó desnudo a un zarzal y ¿sabes lo que dijo? Entonces pensé que era una buena idea.»

*Los siete magníficos*

En aquel entonces tenía veinticinco años, algo de dinero ahorrado, una nula educación financiera y unas ganas irreductibles de independizarme. Paralelamente observaba aturdido que los precios de las viviendas subían cada mes —supongo que recuerdas aquel período de enajenación colectiva en España—, así que, como el personaje de *Los siete magníficos*, pensé que comprarse un piso era una buena idea.

Aunque llamarle piso a esos treinta metros cuadrados me parece audaz, lo cierto es que me hizo sentirme muy alegre.

El problema vino después, cuando tomé consciencia de que me pasaría los siguientes treinta años pagando una cuota. Al margen de que el edificio siguiera en pie o no, de que yo tuviera ingresos o no, ese era el compromiso que había adquirido.

La sensación de desolación que me empezó a provocar aquello fue el principio de mi interés por la educación financiera, el germen de un compromiso firme conmigo mismo para subsanar aquella circunstancia y el primer germen de este libro.

Un libro entretenido para entender las burbujas económicas es *El hombre que cambió su casa por un tulipán*, de Fernando Trías de Bes.

Por aquel entonces había algo que no sabía y es que existen dos tipos de deuda: deuda buena y deuda mala.

## Dos tipos de deuda: deuda buena y deuda mala

Simplificando, podemos decir que deuda mala es la que pagas tú y deuda buena es la que paga otro. ¿Sencillo de entender, verdad? Pues la idea es no tener deuda mala, y tener deuda buena solo si eres capaz realmente de manejarla.

Si pides un préstamo para comprar una casa y el importe de la hipoteca lo pagas con tu trabajo, entonces es deuda mala. Si pides un préstamo para comprar una casa y el importe de la hipoteca lo paga tu inquilino, entonces es deuda buena, porque no lo estás pagando tú con tus horas de trabajo.

No contraigas deuda mala, salvo alguna excepción muy concreta, como puede ser en determinadas ocasiones la primera vivienda o para educación, y siempre con mucha precaución. Contrae solo deuda buena si tienes la suficiente inteligencia financiera para saber lo que estás haciendo.

> Principio para adquirir deuda: Deuda mala nunca. Deuda buena solo si sabes lo que haces. Fácil de recordar, ¿verdad?

La deuda buena, bien empleada, te hará más rico. La deuda mala, no importa cómo la emplees, te hará más pobre, porque te obligará a intercambiar horas de tu tiempo para pagar lo que debes sumado a los intereses.

La deuda buena te permite contar con recursos que de otra manera tardarías tiempo en conseguir, de manera que si la empleas inteligentemente, puede llevarte muy lejos, pero si la empleas mal, las consecuencias pueden ser fatales.

La falta de capacidad para distinguir la deuda buena de la deuda mala es uno de los principales impedimentos para conseguir la independencia financiera.

¿Cuánta deuda mala puedes tener? En principio solo puedes tener la deuda que puedes pagar con una cantidad determinada de horas de tu trabajo. Como tus horas están limitadas, la cantidad de deuda mala que puedes tener está limitada.

¿Cuánta deuda buena puedes tener? En principio es infinita ya que como no la pagas tú directamente puede crecer sin límite.

La deuda mala es desorientación financiera. Es la nueva esclavitud legalizada moderna que mantiene a muchas personas trabajando años de sus vidas solo para pagar intereses.

La deuda mala es la consecuencia de quererlo todo ahora y no poder esperar a que llegue el momento en el que verdaderamente puedes disfrutar de algo.

Recuerda: primero el flujo, después el lujo.

> **La deuda mala es atontamiento financiero.**

---

**Ejercicio:** Calcula antes de firmar ningún préstamo la cantidad total de dinero que acabarás pagando en intereses.

---

Otro problema frecuente es la acumulación de deudas: la del coche, la de la lavadora, la del piso… A este respecto se oye mucho un mito según el cual consolidar la deuda en una sola cuota –normalmente hipotecaria– ahorra intereses.

Esto, que por una parte puede ser cierto, por otra parte lo único que hace es tratar el síntoma, ocultar la causa y no solucionar el problema real, que es la falta de inteligencia financiera que ha causado esa situación.

---

**Idea:** Renegocia el tipo de interés de la deuda (buena o mala) que tengas. Si lo consigues, podrás ahorrarte mucho dinero en intereses a lo largo de la vida del préstamo.

---

## Cuatro posiciones respecto al dinero. ¿En cuál estás?

En lo que se refiere al uso que haces de tu dinero o del dinero de los demás, puedes estar en una de estas cuatro posiciones:

En la primera de ellas no eres capaz de generar dinero. Es la «guardería económica» en la que vives del dinero de otras personas.

La segunda etapa es el «colegio económico»: ya eres capaz de generar dinero pero no sabes emplearlo de forma adecuada y posiblemente tengas alguna deuda.

La tercera etapa es el «instituto económico», donde sí sabes usar bien tu dinero y eres capaz de administrarlo e invertirlo de forma sabia posiblemente sin ninguna deuda mala.

La «universidad económica» es el momento donde además de generar dinero y administrarlo bien, también eres capaz de administrar el dinero de otras personas.

| Guardería | 1.ª etapa | No generas dinero. |
|---|---|---|
| Colegio | 2.ª etapa | No sabes usar tu propio dinero. |
| Instituto | 3.ª etapa | Sabes usar tu propio dinero. |
| Universidad | 4.ª etapa | Sabes usar el dinero de otras personas. |

1. NO GENERAS DINERO. Este es el momento en el que eres incapaz de generar dinero para sufragar los gastos mínimos que genera tu paso por el mundo. Supone por tanto depender de otras personas o instituciones para poder vivir. No se incluyen aquí, por supuesto, los niños o jóvenes, las personas con enfermedades, incapacidades o circunstancias especiales.

2. NO SABES USAR TU PROPIO DINERO. En esta situación careces totalmente de cultura financiera. No tienes una idea de cuánto ganas o gastas, lo que posiblemente te lleva a gastar más de la cuenta. Las personas que se encuentran en este grupo normalmente tienen deuda mala, no saben qué patrimonio tienen –si es que tienen alguno–, ni preparan ninguna planificación financiera.

Sus ingresos suelen provenir de trabajos por cuenta ajena y es frecuente que empleen tarjetas de crédito, así como préstamos al consumo. Normalmente carecen de ahorro, de cualquier tipo de activo y no tienen ningún plan previsto para la jubilación, más allá de lo que confían que el Estado pueda proveerles.

3. SABES USAR TU PROPIO DINERO. En esta situación conoces mínimamente algunos conceptos financieros básicos y además los empleas con cierta regularidad. Tienes una idea aproximada de cuánto ganas y gastas, y si te sobrepasas de manera puntual, eres consciente de que lo estás haciendo. Las personas aquí pueden ser empleadas, autónomas o incluso empresarias que administran responsablemente sus recursos.

Es frecuente que tengan deuda mala en forma de hipoteca y quizás algún otro tipo de préstamo al consumo de forma puntual. Es probable que una persona en este grupo ahorre mínimamente, y que incluso llegue a disponer de cierto dinero ahorrado cada cierto tiempo, lo que le puede llevar a comprarse su vivienda, una segunda residencia o alguna otra compra mayor a lo largo de su vida como automóviles o cierta educación. Pueden contar con algún complemento para su jubilación además del sistema público estatal.

4. SABES USAR EL DINERO DE OTRAS PERSONAS. Este grupo sabe manejar sus propios recursos económicos. Pero además sabe manejar el dinero de otras personas, devolverlo cuando se lo han prestado tras haberlo empleado sabiamente o invertirlo ofreciendo retorno para todas las partes implicadas.

Si no sabes manejar tu propio dinero, no deberías ponerte a manejar el dinero de otras personas (inversores, socios, préstamos de bancos, etc.).

Sin embargo, si tienes dominio y seguridad manejando tu propio dinero, empezar a emplear el dinero de otras personas es la vía rápida hacia el éxito económico porque te permite gestionar más recursos y por tanto obtener, potencialmente, un mayor crecimiento.

Los recursos en los que se apalancan las personas que están en este grupo son el conocimiento y las relaciones humanas, que les permiten obtener la confianza de otras personas, así como el conocimiento sobre cómo emplear ese dinero.

La mayoría de la población se encuentra en el primer y en el segundo grupo, pero donde los resultados crecen exponencialmente es en el cuarto grupo, gracias a que, al poder jugar con los recursos ajenos, el crecimiento es potencialmente infinito y sin límite.

Aprender a manejar el dinero de otras personas es el camino rápido hacia el crecimiento exponencial de tu economía.

### Idea: ¿Cómo conseguir –legalmente– dinero libre de impuestos?

En determinados casos y para ciertas personas, una forma sencilla de empezar a jugar en el cuarto grupo, en el caso de que tengas una hipoteca, es solicitando una ampliación de esta. Ese dinero en cierto modo es un ingreso (aunque tendrás que devolverlo algún día), pero al tratarse de una deuda juega como un ingreso que no paga impuestos, y te permitirá empezar a usar efectivo que no era tuyo originalmente (te lo ha prestado el banco) para construir un activo, educarte o invertirlo.

¿Esta nueva deuda es deuda buena o deuda mala? Si empleas este dinero para adquirir un pasivo, estarás acabando con cualquier posibilidad de mejorar tu futuro.

Si lo empleas para crear un activo que pague las cuotas de la hipoteca y además te ofrezca algún otro resultado, habrás aprendido a emplear la deuda buena para crear tu camino hacia la independencia financiera.

## ¿Qué hacer si te piden dinero?

El principio es que es mejor no prestar dinero a familiares o amigos. Cuando lo haces es posible que en algún momento tengas que elegir a quién perder, si el dinero o la relación. A veces incluso los perderás a los dos.

A nadie le gusta deberle algo a otra persona. ¿Cuántas personas conoces que sientan un enorme agradecimiento de corazón a su banco por haber confiando en ellas para prestarles dinero? ¡Exacto: ninguna! Las personas sienten el peso energético de la deuda mala. Sienten que la deuda mala (aunque no sepan que se llame así) en cierto modo las esclaviza, y por ello sienten rencor, en lugar de agradecimiento, hacia quien les prestó el dinero. Casi todos hemos experimentado que hemos prestado (o nos han prestado) dinero para sufrir inmediatamente después un enfriamiento en la relación.

¿Qué hacer entonces? Evita prestar en la medida de lo posible. En todo caso, si deseas de corazón ayudar a esa persona, siempre puedes regalarle algo de dinero y de esa manera no tendréis ninguna cuenta pendiente. Para hacerlo puedes emplear la partida de Donación de tu presupuesto personal o familiar, que aprenderás a hacer en la última parte de este libro. En lugar de donar a una causa benéfica, puedes donarlo a este familiar o amigo.

Lo que te propongo es que consideres el dinero que prestas como donativo, sin esperar a que algún día puedas recuperarlo. Presta solo aquello que puedas permitirte perder.

Si una persona —salvo una situación verdaderamente excepcional como una estafa, un accidente grave o un gasto ocasionado por una enfermedad, por ejemplo— necesita pedir dinero porque no ha sido capaz de gestionar sus finanzas con anterioridad, ¿qué te hace pensar que va a aprender a hacerlo ahora? Lo más probable es que siga haciendo exactamente lo mismo que la ha llevado a esa situación.

¿Qué hacer si me piden que avale?

Otra solicitud incluso más peligrosa que la de pedirte dinero prestado es la de que te pidan que avales. Si la persona que solicita el préstamo no paga y tú has avalado, esto compromete todos tus ingresos presentes y futuros y puede poner en peligro todo tu patrimonio presente y futuro, sin que a cambio tengas ningún derecho al respecto de la operación realizada con ese dinero.

La respuesta a una solicitud de aval es clara: nunca, sin excepciones.

> **La regla con los avales es sencilla: nunca avales y nunca pidas aval.**

No pidas a nadie que te avale nunca: si el banco no te presta dinero sin aval, es posible que sea por alguna razón. Gánate el derecho a que el banco te preste el dinero. Cuando lo hagas, entonces podrás pedir ese dinero prestado.

Transforma esa situación para que la próxima vez que pidas dinero te lo presten. Si pierdes esta oportunidad, sea la que sea, ya llegará otra. Después de una ola siempre llega otra ola. Si algo está claro es que nunca dejará de haber oportunidades para quien tenga la capacidad de detectarlas, o de crearlas.

**¿Qué hacer si debo dinero?**

Si ya has pedido prestado dinero, visita o llama hoy mismo a quien te lo prestó para decirle que eres consciente de que debes esa cantidad, que lo sabes y que estás trabajando para poder devolvérselo lo antes posible.

A continuación, hazte un favor a ti, a la otra persona y a vuestra relación, y anota en tu agenda que debes informar con regularidad de que sigues siendo consciente de que tienes esta deuda.

Es posible que cada vez que lo comentes, te respondan que no importa, que te lo dejaron con cariño y que no hay ningún problema… Pero puedes creerme: hay algo dentro de lo más profundo de su cerebro reptiliano que experimenta una calma inefable cada vez que se lo dices.

En el caso de que te hayas ocultado por vergüenza, por no saber cómo afrontarlo o de que hayas decidido «olvidarlo», entonces llama a esa persona, ofrécele una disculpa y traza con ella un plan de acción para devolvérselo.

Nunca disfrutarás de verdadera abundancia en tu vida si tienes deudas.

> **Nunca disfrutarás de verdadera abundancia en tu vida si tienes deudas. Quedarte con algo que no es tuyo interrumpe el flujo natural de energía en el Universo.**

Quedarte algo que no es tuyo interrumpe el flujo natural de energía en el Universo, y nunca puedes saber las consecuencias que esto puede tener. Si en algún momento alguien confió en ti, devuelve esa confianza, y de esa forma te harás un favor a ti mismo y al resto de las personas, porque eso reforzará la idea de que la palabra de una persona tiene valor.

Cumplir tu palabra no solo te beneficia a ti, sino también a otras personas que quizá ni conoces.

---

**Ejercicio:** Haz una lista de los objetos o cantidades que debes así como de a quién se lo debes, y toma medidas para solucionar una por una. Llama a cada persona y devuelve todo lo que no sea tuyo. ¡Todo el mundo debería sentir que no le debe nada a nadie!

---

La primera vez que hice una limpieza profunda de casa (ahora hago una de mantenimiento cada otoño, tal y como cuento en el libro *Misión Emprender*), me encontré con algunos libros, música y algún objeto aquí y allá que no eran míos. Lo que hice fue meterlos todos en paquetes, llamar a un servicio de mensajería y mandarlos a sus propietarios.

¡Devuelve todo lo que no sea tuyo para que así nadie se quede con nada de tu propiedad! La energía que emitimos es la que recibimos, así que, aunque te parezca mágico –en realidad lo es–, no te quedes con nada de otra persona para que nadie se quede con nada tuyo.

## Una bola de nieve para quitarte la deuda mala

Supongo que en este momento ya eres consciente de lo dañino que es para tu economía estar trabajando para pagar intereses a un banco y de la carga energética que supone la deuda mala. Me imagino que te estás preguntando por dónde empezar.

La deuda de la hipoteca podría ser incluida o no en este ejercicio, ya que al tratarse en ocasiones de cantidades importantes podría llevarnos demasiados años saldarla completamente, de manera que cuando me refiero a deuda mala en este apartado me refiero especialmente a la deuda mala de consumo (viajes, coches, electrodomésticos, etc.).

Lo primero que es necesario hacer es contarse la verdad y calcular la cantidad exacta de deuda que tienes en este momento, así como las personas o entidades a las que se la debes. Prepara una lista con el importe que debes, la cuota mensual y el tipo de interés.

Después puedes hacer una de estas dos cosas:

1. CONSOLIDAR LA DEUDA. La primera es consolidar todas las deudas en una sola con un tipo de interés lo más bajo posible. Como es posible que, al hacer esto, el importe de la cuota sea

más bajo, lo que puedes hacer es seguir dedicando la cantidad que dedicabas todos los meses a pagar los diferentes préstamos para ir amortizando anticipadamente la deuda que tienes en este momento. Al hacerlo anticipadamente, el ahorro en intereses puede llegar a ser sustancial.

Circunstancialmente puedes dedicar un porcentaje adicional de tu presupuesto, un 10 % por ejemplo, para anticipar aún más el pago de esta deuda.

2. APLICAR EL EFECTO BOLA DE NIEVE. Una vez que tengas ordenadas las diferentes deudas según el tipo de interés de cada una de ellas, puedes empezar a destinar un presupuesto, que puede ser de un 10 % adicional a lo que ya pagas cada mes (cualquier economía puede ajustarse un 10 %), para empezar a amortizar más dinero de la deuda que tiene mayor tipo de interés. Al pagar más dinero en cada cuota la vida del préstamo será menor.

Una vez que hayas acabado con ese préstamo lo que vas a hacer es destinar el importe de esa cuota a amortizar anticipadamente el segundo préstamo.

Cuando acabes con este segundo, sumarás este importe del segundo préstamo al que pagabas por el primer préstamo para empezar a amortizar el tercer préstamo, etc.

La bola de nieve es un modo de ir terminando con la deuda pagando siempre la misma cantidad cada mes.

# 26.
# Ahorro

«Los ahorradores son perdedores.»

ROBERT KIYOSAKI

Empecemos por el principio: ahorrar es la habilidad mínima para empezar a gestionar una economía.

Quien no es capaz de ahorrar una cantidad mínima de alrededor del 10 % de sus ingresos está muy posiblemente abocado a experimentar calamidades económicas antes o después.

La capacidad de ahorrar habla de autocontrol, de gratificación postergada y de capacidad de planificación, todas ellas habilidades básicas para conseguir resultados positivos en cualquier aspecto de la vida, incluido el económico.

El ahorro por sí mismo no te servirá de mucho. Es solo el principio, pero si te pierdes el principio, también te perderás el final.

Para tener activos trabajando para ti vas a necesitar dinero. Quizá muy poco; se pueden empezar negocios intensivos en talento que requieren de poco capital, pero disponer de algo de caja siempre va a ser necesario.

En términos económicos, ¿quién va a confiar en ti si ni tan siquiera has sido capaz de ahorrar mínimamente?

Por eso el ahorro es especialmente importante al principio de tu transformación económica. ¿Quién va a confiar en ti si ni tan siquiera has sido capaz de ahorrar mínimamente? Puedes tener mucho conocimiento, pero el conocimiento no lo es todo; la confianza que seas capaz de despertar en otros también es muy importante, y puedes estar seguro de que se negocia y se convence mejor con dinero en el bolsillo.

Moisés está en su negocio contando satisfecho el dinero que ha ganado ese día, cuando su amigo Abraham entra y le dice:

–Necesito que me prestes ahora mismo cinco mil euros en billetes.

–¡Pero cómo! Cinco mil… Eso es mucho.

–No te preocupes. Te los devolveré en diez minutos. Y además te daré una comisión del cinco por ciento. ¡Ganarás sin arriesgar nada doscientos cincuenta euros en diez minutos!

–Bueno… Si es así, te los presto.

Moisés le entrega a Abraham los cinco mil euros. Su amigo se los mete en el bolsillo, luego le pide permiso para utilizar el teléfono. En un rincón apartado del negocio habla durante diez minutos y luego, con una gran sonrisa, le entrega los cinco mil euros a Moisés, más doscientos cincuenta.

–No comprendo nada. Explícame por favor de qué se trata.

–Muy fácil, Moisés: tenía que discutir un importante contrato y, para lograr mis exigencias, con los bolsillos vacíos me sentía débil. Cuando los llené tuve la autoridad que necesitaba para imponer mis condiciones.

ALEJANDRO JODOROWSKY, *Cabaret místico*

## Ahorrar no es una cuestión de ingresos, sino de hábito

No: ahorrar no depende de la cantidad que ingresas. Si no ahorras no es porque ingreses poco dinero. No lo haces porque no has cultivado el hábito, porque no eres consciente de la importancia de ahorrar o porque la vida son dos días y mañana Dios proveerá...

Ahorrar no es una habilidad consecuencia de la cantidad que ingresas, aunque una cantidad mayor pueda ayudar. Ahorrar es un hábito que se trabaja y se entrena. La realidad es que hay personas con ingresos iguales o inferiores a los tuyos que son capaces de ahorrar.

> La capacidad de ahorrar habla de autocontrol, de gratificación postergada y de capacidad de planificación.

La experiencia demuestra que quien no tiene el hábito en lo pequeño tampoco lo tiene en lo grande.

Algunos se cuentan a sí mismos que no ahorran porque ingresan mil euros, y que cuando ingresen cinco mil ahorrarán, pero lo cierto es que si con mil euros alguien no es capaz de autocontrolarse, con cinco mil probablemente tampoco lo será.

Hazte un favor y empieza a ahorrar ahora mismo porque es una condición necesaria para que puedas invertir en ti mismo, en algún activo o, como mínimo, estar lo suficientemente tranquilo para empezar a pensar en cómo mejorar tu situación.

---

**La falta de ahorro no es una cuestión de dinero, sino de hábito**

Según un estudio de la consultora Schips Finanz, el 30% de los jugadores de fútbol de las ligas europeas están arruinados aun en activo. Esta cifra asciende al 50% cuando deciden retirarse. El 60% de los jugadores de la NBA están en quiebra a los cinco años de abandonar el juego, cifra que asciende a casi el 80% de los jugadores de la NFL.

---

## Ahorrar desde el equilibrio

En una reducción al absurdo, una persona que tuviera una confianza absoluta, plena y total en la vida nunca ahorraría porque confiaría en que siempre dispondría de los recursos necesarios para poder vivir.

Pero claro, en esa misma reducción al absurdo, una persona con confianza en la vida tampoco aseguraría sus bienes y no labraría su huerta confiando en que la vida le ayudaría a que diera sus frutos. Y lo cierto es que la vida está dispuesta a ayudarnos, pero lo hace más decididamente cuando nos levantamos a labrar la huerta, y también cuando ahorramos.

En el otro extremo, una falta total de confianza en la vida o un sentimiento profundo de carencia nos puede llevar a ahorrar demasiado, por miedo a que el día de mañana nos puedan faltar recursos.

La clave está en conseguir el equilibrio. *Equilibrio* es una palabra importante cuando hablamos de dinero.

Si ahorras demasiado, te conviertes en un avaro que solo piensa en guardar para el futuro. Si no ahorras nada, te conviertes en un derrochador que solo piensa en el presente. Equilibrio es la clave.

Cada persona tiene una tendencia natural, así que el reto es encontrar ese equilibrio tan necesario para administrar sabiamente el dinero y nuestra vida. Para ser capaz de mantener ese equilibrio, y ahorrar lo que hay que ahorrar, y gastar lo que hay que gastar, te presentaré, en la última parte de este libro, una herramienta llamada «presupuesto».

Un avaro había acumulado quinientos mil dinares y se las prometía muy felices pensando en el estupendo año que iba a pasar haciendo cábalas sobre el mejor modo de invertir su dinero. Pero, inesperadamente, se presentó el ángel de la Muerte para llevárselo consigo.

El hombre se puso a pedir y a suplicar, apelando a mil argumentos para que le fuera permitido vivir un poco más, pero el ángel se mostró inflexible. «¡Concédeme tres días de vida, y te daré la mitad de mi fortuna!», le suplicó el hombre. Pero el ángel no quiso ni oír hablar de ello y comenzó a tirar de él. «¡Concédeme al menos un día, te lo ruego, y podrás tener todo lo que he ahorrado con tanto sudor y esfuerzo!» Pero el ángel seguía impávido.

Lo único que consiguió obtener del ángel fueron unos breves instantes para escribir apresuradamente la siguiente nota: «A quien encuentre esta nota, quienquiera que sea: si tienes lo suficiente para vivir, no malgastes tu vida acumulando fortunas. ¡Vive! ¡Mis quinientos mil dinares no me han servido para comprar ni una sola hora de vida!».

Cuando muere un millonario y la gente pregunta: «¿Cuánto habrá dejado?», la respuesta, naturalmente, es: «Todo».

Aunque la respuesta también puede ser: «No ha dejado nada. Le ha sido arrebatado.

ANTHONY DE MELLO, *La oración de la rana.*

## ¿Cuánto ahorro?

La cantidad adecuada para cada persona puede variar en función de muchas circunstancias, pero de forma orientativa podríamos decir que un 10 % de tus ingresos es una cantidad recomendable mínima.

Saca la calculadora y comprueba por ti mismo lo siguiente: una persona que con un sueldo medio en España (2.000 € / mes) ahorre el 10 % de sus ingresos durante treinta años y los invierta al 7 % (rentabilidad aproximada media de la Bolsa en España en los últimos años) con interés compuesto, podría jubilarse por sus propios medios.

---

Alguien que ahorre 2.400 € cada año (200 euros al mes, es decir, el 10 % de un salario medio) durante treinta años y los invierta al 7 % anual reinvirtiendo los intereses (interés compuesto) tendrá al final del período...

¿Cuánto crees que tendrá?

¿Te atreves a hacer un cálculo rápido antes de seguir leyendo?

Te dejo que lo calcules...

Calcúlalo o al menos intenta adivinar la cifra antes de seguir...

Esta persona tendría al final 244.975 €.

---

Esto es un escenario pesimista en el que esta persona decide no aprender nada adicional sobre dinero para mejorar esa rentabilidad, donde confía simplemente en el crecimiento natural de la bolsa, y donde no aumenta sus ingresos con los años.

Ahora imagínate lo que podría pasar si además aprendiera algo para superar esa cifra del 7 %.

Esto es lo que podría suceder si decides hacer algo tan sencillo como ahorrar tan solo el 10 % y nada más.

Nuestro cerebro no está diseñado para anticipar las consecuencias de pequeñas acciones en el largo plazo, por eso tiene dificultades para entender la importancia del ahorro.

El problema de la falta de ahorro es que impide que ese euro que podrías guardar mañana trabaje para ti por el resto de tu vida.

> Nuestro cerebro tiene problemas para anticipar las consecuencias de pequeñas acciones en el largo plazo, por eso tiene dificultades para ahorrar.

Pero cuidado, porque cuando hablamos de ahorro no nos referimos simplemente a acumular dinero en el banco.

Aquí viene lo interesante: el hecho de que seas capaz de ahorrar no te garantiza mucho. Ahorrar es una condición necesaria pero no suficiente.

¿No eres capaz de ahorrar? Posiblemente estás, o estarás, fuera de la partida.

¿Eres capaz de ahorrar? Esto, por sí mismo, no te garantiza nada.

Prepárate porque ahora es cuando esto empieza a ponerse interesante.

> ¿No eres capaz de ahorrar?
> Posiblemente estás o estarás fuera de la partida.
> ¿Eres capaz de ahorrar?
> Esto, por sí mismo, no te garantiza nada.

## Los ahorradores son perdedores

¿Recuerdas cuando explicamos la inflación? ¿Recuerdas esa cifra de la que hablan en los periódicos como índice de precios al consumo y a la que nadie parece hacer mucho caso? Como ya sabes la inflación erosiona la capacidad adquisitiva de tu ahorro poco a poco, pudiendo llegar incluso a dejarlo reducido a nada si permites que pase el suficiente número de años sin hacer nada con tu dinero. El sistema económico castiga a los ahorradores y recompensan a quienes saben hacer uso de la deuda buena.

La primera vez que topé con este concepto de que los ahorradores son perdedores fue al leer el libro de Kiyosaki *Segunda oportunidad*.

Aquello me provocó una gran curiosidad, y empecé a estudiar seriamente sobre cómo la inflación erosiona el ahorro de aquellas personas que, al no disponer de inteligencia financiera, permiten que el tiempo haga disminuir la capacidad de compra de su dinero.

La cantidad ahorrada permanece intacta pero a veces cuesta darse cuenta de que en realidad está disminuyendo cada año que pasa por el mero hecho de estar en el banco. Por eso es tan importante que aprendas qué hacer con el ahorro.

---

**¿Qué hago con el ahorro?**

La respuesta va a depender de la estabilidad de tus ingresos, de tus planes a largo plazo y de otras circunstancias personales, pero esta podría ser una ruta de qué hacer con el ahorro:

1. Eliminar deuda mala. El objetivo es dejar de pagar intereses, lo que te supondrá un importante ahorro con el paso del

---

tiempo. La decisión de quitarse la hipoteca o no es un asunto que trataremos en el siguiente capítulo.

2. Colchón de tranquilidad. Calcula la cifra con la que te sientes cómodo. ¿Seis meses? ¿Un año? ¿Dos años?

3. Fondo de objetivos concretos. Cuando no tengas deuda mala y tu colchón de tranquilidad esté asegurado, podrás empezar a ahorrar para algún objetivo concreto, como comprarte una vivienda, sufragar la educación de tus hijos o dar la vuelta al mundo.

4. Inversión o educación. En el caso de que no tengas ninguna deuda, dispongas de un colchón de tranquilidad y no tengas ningún otro objetivo, podrías empezar a llevar tu ahorro a otras partidas del presupuesto como inversión o educación, para incrementar tus activos o tus habilidades.

# 27.
# Inversión

«Wall Street es el único lugar del mundo en el que la gente que viaja en Rolls Royce pide consejo a gente que va a trabajar en metro.»

WARREN BUFFET

«Cuando estoy en una mesa de negociación siempre me pregunto quién es el tonto de la mesa. Miro alrededor, y si no lo encuentro, entonces me levanto y me marcho.»

Escuchado al «Padre Rico» de ROBERT KIYOSAKI

«La mejor forma de que una empresa no pierda dinero a final de año es que no pierda dinero ningún día del año.»

JAVIER FÁBREGAS

Muchas personas me preguntan en nuestras formaciones: «Sergio, ¿en qué invierto?». Con frecuencia la respuesta suele ser la misma: si me haces esa pregunta, creo que lo mejor es que sigas invirtiendo en ti.

Si no sabes en qué invertir, entonces invierte en tu educación hasta que no tengas que preguntarlo.

Lo creas o no, aún es frecuente encontrar a personas que no vuelven a estudiar (no me refiero solo a estudios formales sino a educación en general) después de sus estudios universitarios o de bachillerato, si es que los tuvieron.

Estudiar es una cuestión de voluntad más que de dinero o de tiempo. Nada te impide dedicar media hora al día a aprender algo, aunque sea escuchando vídeos de camino al trabajo, o mientras cocinas.

> **Si no sabes en qué invertir, entonces invierte en tu educación hasta que no tengas que preguntarlo.**

No obstante, comprendo perfectamente que alguien pregunte en qué invertir porque esto de invertir suena un poco grandilocuente e incluso extraterrestre.

Para la mayoría de las personas invertir tiene un cariz casi esotérico.

Así que vamos a ver de qué se trata: invertir consiste esencialmente en poner algo de dinero a trabajar para entregar valor de alguna forma.

Este dinero puede ser tuyo o no. En ambos casos tienes que saber lo que estás haciendo (tener conocimiento), o terminarás por cometer errores fatales. Por eso, insisto, invertir en ti mismo es la primera medida.

La primera vez que decidí invertir, antes de sacar un euro de mi bolsillo, dediqué un año a estudiar. De este año, los últimos seis meses estudié un rato cada día. Y cuando digo cada día, me refiero exactamente a cada día.

Hice formaciones, estudié diferentes libros, hablé con profesionales implicados en el sector, visité y analicé diferentes opciones, estudié los precios y las rentabilidades, comparé mis conclusiones con las de otros expertos...

Cuando por fin estuve seguro de lo que hacía, entonces, y no antes, puse mi dinero a trabajar. Y, afortunadamente, mis expectativas se cumplieron.

Una cosa es que la decisión sea buena y otra es decidir bien. Se pueden tomar todas las precauciones, y que aun así las cosas no resulten como uno espera. También se puede decidir en un proceso mal hecho y que el resultado sea casualmente bueno. Lo importante es que, si el proceso de decisión se hace correctamente, las probabilidades de que los resultados se parezcan a los esperados se incrementan. Eso es decidir bien.

> **Una cosa es que la decisión sea buena y otra es decidir bien.**

## Para invertir hay que tener conocimiento y dinero

Para poder invertir hay que tener dinero y hay que tener conocimiento. Ambos.

Perdón por la obviedad pero los hay que quieren invertir, pero aún no han sido capaces de aprender a ganar dinero. Y esto es como querer ir a la universidad sin haber aprobado la secundaria.

El camino que han seguido la mayoría de las personas que invierten es que primero han empezado trabajando para otros, después han trabajado para sí mismos ya sea como autónomos o como empresarios y, cuando han aprobado esos cursos con nota y disponen de algo de dinero, entonces empiezan a invertir.

Imagina que un niño pequeño te pide un helado de una bola. Se lo compras y después se le cae al suelo. No pasa nada: al fin y al cabo es un niño que está aprendiendo a andar y a vivir.

Pero si al día siguiente te pide que le compres un helado de tres bolas, la respuesta será negativa. Hasta que no se maneje con un helado de una bola, no podrá empezar a entrenar con el helado de tres bolas.

Con las inversiones sucede lo mismo, es mejor ir aumentando poco a poco las bolas del helado, para estar seguros de que no se nos caerán.

Ser inversor es, en términos del hombre más rico de Babilonia, procurarse un ejército de esclavos de oro. Es decir, tener dinero (esclavos de oro) trabajando para ti.

El problema es que tenemos tantos años de programación para aprender a ganar dinero mediante un trabajo que no conseguimos ver oportunidades que estén fuera del marco de intercambio de horas por remuneración.

Para empezar a invertir no tienes por qué dejar tu ocupación actual si no lo deseas, o si aún no puedes. Se puede ser inversor *part-time*. En cuanto hayas ahorrado algo de dinero (según aprendiste en el capítulo anterior) y tengas algo de conocimiento, puedes empezar.

## El riesgo en las inversiones es directamente proporcional a tu ignorancia

El protagonista de *Cadena perpetua* –interpretada por Tim Robbins– es un trabajador de banca que es enviado a prisión a cumplir dos cadenas perpetuas por dos asesinatos que en realidad no ha cometido.

Dentro de la cárcel, y con el paso de los años, empieza a ayudar al alcaide con algunos asuntos económicos que este no sabe solucionar. Después de diecinueve años de prisión, el protagonista consigue escapar una noche de la cárcel. Lo interesante es que, una vez fuera, logra adoptar la vida de una persona que no existe y que él ha ido construyendo desde dentro de la cárcel mientras ayudaba al alcaide en sus asuntos.

¿Qué es lo que consigue que el preso escape de su aprisionamiento y empiece a llevar una nueva vida fuera de la cárcel? Paciencia y conocimiento. La paciencia necesaria para cavar un túnel durante casi veinte años. Y el conocimiento del que disponía del mundo bancario y administrativo que le permitió ser capaz de construir desde dentro de la cárcel una nueva identidad. Esa nueva identidad tenía además casi 400.000 dólares a su nombre así como todo preparado para empezar una nueva vida.

El conocimiento y la paciencia hicieron que el riesgo disminuyera en su plan de fuga de la cárcel.

> **Conocimiento y paciencia son las dos claves para invertir con éxito.**

Cuanto más conocimiento tengas sobre lo que estás haciendo, menor riesgo correrás. Sin conocimiento, lo que haces no es invertir, sino apostar.

Aprende a disfrutar gastando el dinero en adquirir buen conocimiento y asesoramiento. Así no tendrás que gastarlo después en corregir los errores.

Siempre es más económico prevenir los problemas que solucionarlos.

> **El riesgo que corres es directamente proporcional a tu ignorancia.**

Lo cierto es que las personas somos malas haciendo predicciones. El libro *Pensar rápido, pensar despacio* menciona diferentes estudios que reflejan nuestro optimismo natural. La mayoría de las personas piensan que conducen mejor que la media. La mayoría de los emprendedores, aun conociendo las tasas de fracaso empresarial, consideran que esas estadísticas no les afectarán a ellos.

Sabemos que no somos buenos haciendo predicciones ni calculando los riesgos en los que incurrimos, por eso cuando hablamos de inversiones es trascendental saber que antes o después podemos equivocarnos.

Jugar sabiendo que antes o después vas a equivocarte no te llevará a adoptar las mismas decisiones que si crees que las estadísticas de fracaso son solo para los demás. Por mucho conocimiento del que dispongas, si estás jugando permanentemente, antes o después los resultados pueden ser diferentes a los esperados.

Por eso me gusta el principio de jugarse en cada ocasión aquello que puede perderse sin que eso arruine la partida. Prepárate para aminorar el riesgo, pero sobre todo prepárate para fallar, porque cuanto más juegues más posibilidades hay de que antes o después acabes por equivocarte.

## El contexto es determinante para los resultados que obtienes

Recientemente hice una formación en Stanford Graduate School of Business en California. El día que la terminé fui a cenar a uno de mis restaurantes favoritos en San Francisco. Nada más sentarme en la mesa, la pareja que estaba sentada en la mesa de al lado, me preguntó: «¿Eres inversor?».

Más allá de qué les llevó a hacerme esa pregunta, de lo que instantáneamente me di cuenta es de que el contexto moldea la forma en la que pensamos.

En un contexto —San Francisco en este caso— donde muchas personas invierten, y otras muchas son emprendedoras, ser inversor es algo normal, y no está revertido de ese carácter casi místico que tiene aún en España. En toda mi vida en Madrid nunca nadie me ha preguntado si soy inversor en un restaurante. ¡Lo más que me preguntan con frecuencia en los restaurantes es si de verdad tengo intención de entrar con la bicicleta plegable! Por eso es fundamental que te rodees del contexto adecuado: un contexto que te permita aprender a pensar, a moverte, a respirar, a saludar e incluso hasta a ponerte los calcetines como inversor.

## Análisis *pre mortem*: Equivócate de antemano

Un análisis *pre mortem* consiste en sentarse a reflexionar sobre todos los riesgos en los que incurres, sobre todo lo que puede ir mal y que ahora mismo no estás teniendo en consideración. Cuando queremos invertir en algo normalmente estamos emocionados. Pero recuerda que cuando la emoción está alta, la razón está baja.

El análisis *pre mortem* sirve para imaginar que estás en un escenario donde todo ha sido una catástrofe, donde esa inversión no ha salido como esperabas y empiezas a analizar qué es lo que ha ido mal y qué factores han sido determinantes para ello. Al hacer este ejercicio te darás cuenta de variables que de otra manera podrías pasar por alto.

> Cuando la emoción está alta, la razón está baja.

Puede ser un ejercicio muy interesante de cara a prevenir el exceso de optimismo que tenemos cuando invertimos en un proyecto o cuando comenzamos una aventura emprendedora.

Otra pregunta que me gusta hacerme antes de adoptar una decisión de inversión es: ¿Qué se me está pasando por alto, de qué no estoy siendo capaz de darme cuenta en esta situación?

## Hazte un experto de una familia de inversión

Algo que puede ayudar a que te equivoques mucho menos es convertirte en experto en un área concreta de inversión. Quizá quieras seleccionar una familia de inversión sobre la que quieras aprender, con la que te sientas cómodo y acerca de la que desees aprender y empezar a convertirte en un experto en ella.

Recuerda que esto de invertir va de pasarlo bien. Selecciona un área sobre la que te apetezca aprender y empieza a hacerlo. Si no disfrutas aprendiendo, difícilmente vas a acabar siendo bueno en ello.

Aunque están de moda los libros y ponentes que dicen que te vas a hacer rico en tres semanas o menos, lo cierto es que la mayoría de las personas que lo han conseguido le han dedicado muchas horas, muchas más de las que a priori pensaron, y muchas más de las que posiblemente van a confesarte.

Por eso creo que es tan importante la selección de un área de conocimiento o de un negocio donde podamos expresar nuestros dones y donde disfrutemos aprendiendo, porque posiblemente nos esperan muchas horas de trabajo.

Para mí, si no lo pasamos bien, es que hay algo que falla, porque en un Universo esencialmente abundante, no pasarlo bien mientras trabajamos o construimos nuestro patrimonio es un indicativo de que alguna pieza no encaja.

Estas son fundamentalmente las cuatro familias de inversión sobre las que puedes empezar a aprender:

1. Activos financieros: Bolsa, futuros, derivados, fondos de inversión, etc.
2. Activos inmobiliarios: cualquier operación con inmuebles, suelo, alquileres, construcción, etc.
3. Propiedad intelectual: patentes, licencias, *software*, royalties, franquicias o cualquier conocimiento que pueda ser alquilado, cedido, vendido, etc.
4. Empresas: inversión en *start-up*, empresas o sistemas, etc.

---

**¿Casa en propiedad o en alquiler?**

La respuesta no es sencilla. Para hacer una valoración desde el punto de vista económico –obviando cualquier otro aspecto– necesitas tener en cuenta varios factores:

En primer lugar pregúntate dónde puedes obtener mayor rentabilidad de tu dinero (cómo puedes hacer que tu dinero trabaje mejor para ti).

Imagina que has ahorrado 100.000€ y que con esto puedes comprar una casa en tu pueblo. Imagina que las casas de alquiler de características similares en tu localidad cuestan alrededor de 400€ al mes y que haces una pequeña investigación y en una localidad cercana por ese dinero podrías comprar una vivienda por la que te podrían ofrecer alrededor de 600€ de alquiler.

En ese caso, vivir en propiedad en tu propia casa –desde el punto de vista económico exclusivamente– está haciendo que dejes de ingresar unos 200€ al mes, puesto que la rentabilidad que podrías obtener sería de unos 600€ si tuvieras tu dinero invertido en una propiedad en la localidad vecina. Después tendrás que valorar si te apetece alquilar, si las casas que alquilan te gustan, etc.

Imagina ahora que por 300.000€ puedes comprar una casa estupenda en tu pueblo, y que el alquiler de una casa similar

---

ronda los 700 €. ¿Te merece la pena dar los 100.000 € para la entrada de esa vivienda y financiar los restantes 200.000 €? Si por 100.000 € en la localidad de al lado obtienes 600 € de renta, por 300.000 € vas a obtener aproximadamente 1.800 €, es decir que puedes pagar aproximadamente 2,5 veces el alquiler de una propiedad similar. Desde un punto de vista puramente económico no te interesa.

La pregunta es siempre dónde puedo obtener más rentabilidad de mi dinero (respetando mis valores y creencias, obviamente).

Además, es interesante que te preguntes dónde quieres vivir a corto y a largo plazo. En líneas generales, en los barrios caros suele ser más interesante vivir de alquiler, mientras que en los barrios baratos suele ser más interesante comprar.

Por último, en el caso de que necesites financiación, es interesante que te preguntes si deseas comprometerte a pagar una cuota durante una cantidad determinada de años.

Las hipotecas te comprometen a ti con todos tus bienes presentes y futuros hasta que se salde la deuda. Una opción que permite estar en coherencia con el principio de actuar siempre de manera que aumentemos nuestras posibilidades es hipotecarse solo y tan solo si estamos seguros de que un eventual alquiler en un mercado a la baja pagaría el importe de la hipoteca más un 25 % de margen para imprevistos.

De esta manera en el caso de que tus ingresos descendieran o de que desees dejar de vivir en esa casa, no estarías obligado a seguir viviendo, ya que la hipoteca se pagaría por sí misma. En este caso, pedir una hipoteca no sería deuda mala, sino deuda buena que, de momento, decides pagar tú, como podrías haber decidido pagar un alquiler.

# 28.
# Protección

«Y comprendió que la guerra era la paz del futuro…»

SILVIO RODRÍGUEZ

«Cuando un general romano desfilaba victorioso por las calles de Roma, un siervo le recordaba las limitaciones de la naturaleza humana con el fin de impedir que incurriese en la soberbia y lo hacía pronunciando la frase *"Memento mori"*.»

RECUERDA QUE HAS DE MORIR

*«Si vis pacem, para bellum»* es una máxima latina de Vegecio que significa «Si quieres la paz, prepárate para la guerra». Lo cual demuestra que desde hace muchos años sabemos que la mejor manera de evitar un problema es estar preparado para afrontarlo.

Cuando estamos preparados para la guerra, lo que obtenemos es paz.

Soy consciente de que leer sobre protección no es un tema fascinante, pero, a cambio, completar la «Operación Níquel» que te voy a proponer te servirá para estar en paz y para dormir como un bebé cada noche, sabiendo que todo está en orden, y que si llegase a surgir algún problema, tu patrimonio presente y futuro estarían protegidos.

En la película *Forrest Gump* el protagonista emplea una frase, «*Shit happens*», que no es especialmente elegante, de acuerdo, pero hace referencia a algo que todos sabemos, y es que la vida está llena de sucesos inesperados y que algunos de ellos, si no estamos preparados, pueden acarrear consecuencias funestas.

## Responsabilidad limitada e ilimitada

La cuestión de la responsabilidad, es decir de qué eres o no responsable, es crucial cuando estamos hablando de dinero. Asesórate y otórgale la importancia que tiene si realmente deseas progresar económicamente. A medida que tu economía mejore, tendrás que encontrar la manera de protegerla, porque potencialmente correrá más riesgos, y habrá más agentes interesados en tomar una parte de ella.

Haz los deberes bien para proteger lo que es tuyo cuando todo esté tranquilo.

No puedes contratar un seguro de coche una vez que ha ocurrido el accidente.

> **No puedes contratar un seguro de coche una vez que ha ocurrido el accidente.**

Como autónomo o como administrador de una sociedad eres responsable de las consecuencias que puedan tener las acciones cometidas (o no cometidas, según la circunstancia) dentro del ejercicio de una actividad económica. Es un tema crítico y que no suele citarse tanto en la literatura económica, precisamente por lo poco apetitoso de este.

Si desempeñas una actividad económica como autónomo y cometes un error, tu responsabilidad en principio es ilimitada, lo que significa que tendrías que afrontar las consecuencias derivadas de ese error con todos tus bienes presentes y futuros.

Como ves, aunque no se hable con frecuencia de ello, tiene unas repercusiones importantes. Si eres administrador de una empresa que desempeña una actividad económica, la responsabilidad en principio queda limitada al patrimonio de la sociedad. Esto quiere decir que, como la que ha realizado la actividad económica es la sociedad, quien responde es la sociedad y su patrimonio. Si haces bien las cosas, y no hay fraude o negligencia, por supuesto, la responsabilidad podría quedar circunscrita a la sociedad. Pero de todas maneras lo mejor es evitar cualquier problema porque esta responsabilidad podría acabar implicando a quien la administre y eso es algo que necesitas evitar.

## Diferentes niveles de protección: la Operación Níquel

Para hacer las cosas bien en el ejercicio de una actividad económica, es preciso que actúes con diligencia en diferentes niveles.

Te voy a proponer uno de los secretos de los campeones para el éxito: tenerlo todo en orden.

Este ejercicio, la Operación Níquel, consiste en dejarlo todo en orden, todo «niquelado», o reluciente, para evitar problemas. Recuerda que es más económico prevenir los problemas que solucionarlos. Además, ya sabes que cuando todo está en orden de alguna forma se alejan los problemas de manera casi mágica.

La Operación Níquel consta de diferentes niveles. Mi invitación es que si desempeñas una actividad económica, como autónomo o empresarial, le dediques a la Operación Níquel el tiempo que merece.

1. LEGISLACIÓN. Aunque vas a necesitar de cierto tiempo para conocer toda la legislación que afecta a tu actividad económica porque cada día se produce nueva legislación en los niveles local, regional y estatal, merece la pena tomarse el tiempo y la molestia de comprobar que cumples con todos los requisitos legales necesarios para el desempeño de tu actividad económica. Es muy posible que nunca hayas escuchado que deba hacerse esto, que tus amigos no te hablen de ello y que tu asesoría no te haya explicado esta necesidad. También es muy posible que no te ayuden a hacerlo bien porque toma mucho tiempo. En otras palabras, encárgate de liderar este asunto. Es crucial comprobar que se cumplen todos los requisitos legales necesarios para el desarrollo de las actividades profesionales que realices.

Cada día –hoy también– las autoridades públicas recaudan montañas de dinero a través de multas a empresas que incumplían sin mala fe cierta legislación. No permitas que te suceda esto. Esta cuestión es el traje del emperador del que nadie habla, pero que todo el mundo conoce, así que estate preparado. Si quieres la paz, prepárate para la guerra.

2. CONTRATOS. Una vez que tengas claro que cumples con toda la legislación que te aplica, ahora es preciso que revises todos los contratos con socios, trabajadores, clientes, proveedores o cualquier otro actor con quien interactúes en el ejercicio de tu actividad. Sé que es más apetecible irse al cine de verano, pero para disfrutar del cine tranquilamente, primero hay que tener todos los contratos en regla.

Si surge algún problema, lo que permitirá solucionarlo en un sentido o en otro será lo que indique el contrato, al menos teóricamente, ya que ese es el fundamento de los estados de derecho. Así que tómate la molestia de repasar con un buen abogado –invita también a tu sentido común a las reuniones– todo lo que puede suceder para que, si llega a pasar, lo que no deseas esa situación esté contemplada.

Por otra parte nunca firmes un contrato si no estás seguro de que lo que dice allí tiene perfecto sentido para ti. Pregunta todo lo que no comprendas. Educarse no consiste solo en ir a un curso; educarse es un compromiso que uno adopta desde que se levanta por la mañana, e incluye preguntar e informarse si hay algo en un contrato –o en cualquier circunstancia de la vida– que no se entiende.

3. SEGUROS. Puedes cumplir con la legislación vigente y contar con contratos en orden, pero, aun así, tener algún tipo de problema que implica que tienes que pagar dinero para solucionarlo.

Este es el momento en el que los seguros entran en juego. Los seguros son el airbag. Lo mejor es no tener que comprobar si tu coche lo tiene o si funciona bien. Lo mejor es conducir de manera que nunca tengas que usarlo.

Asegúrate de tener todos los riesgos en los que puedas incurrir asegurados: casas, coches, deportes, accidentes... Y esto incluye también los seguros de responsabilidad civil y de administrador de sociedad, en el caso de que te haga falta.

Un seguro de vida puede ser interesante si tienes familia que depende de ti y que, en el caso de que te pase algo, no sean independientes financieramente. Si se diera la circunstancia de que te obligasen a hacer un seguro de vida al contratar una hipoteca y el valor de venta de esa vivienda cubriese el importe de la hipoteca, podrías darlo de baja, salvo si tienes herederos que desees que se queden con la vivienda si a ti te pasase algo.

También puede ser interesante tener un seguro de vida en el caso de que tengas socios y no tengas dinero suficiente para que tu familia compre su parte de la empresa. Un seguro de accidentes puede ser interesante si eres autónomo.

Es importante que hagas una revisión de qué riesgos cubren tus seguros en este momento, y que para ello hables con varios expertos en la materia más allá de tu agente o correduría de seguros. Cada punto de vista sobre una situación es solo uno de los puntos de vista sobre una situación.

> **Cada punto de vista sobre una situación es solo un punto de vista posible sobre esa situación.**

El seguro del hogar, por cierto, es imprescindible no solo por tus pertenencias, sino también por la responsabilidad civil en la que puedes incurrir como persona (no como agente económico). Investiga sobre esto si no lo entiendes bien cuando pongas en orden tus seguros.

4. SOCIEDAD LIMITADA. El siguiente nivel que puede ofrecerte protección es que tus actividades económicas sean ofrecidas por una o varias sociedades. El primer responsable en el caso de que algo llegue a suceder es la sociedad. Después, como administrador, podrías incurrir en responsabilidad también, pero en primer lugar es la sociedad la que respondería por una eventual reclamación de responsabilidad.

5. PRESENCIA. El quinto nivel de protección lo ofrece la presencia plena en todo momento en lo que estés haciendo. La presencia implica estar en el aquí y en el ahora, y no en el antes, en el después o en otro lugar. Reconócelo: muchos pro-

blemas que has experimentado en la vida se hubieran podido prevenir si hubieses estado presente en el momento en el que se originaron.

Como no estábamos presentes cuando hablamos con aquella persona no pudimos darnos cuenta de que era un rufián; como no estábamos presentes cuando firmamos aquel contrato, no nos dimos cuenta de que había una cláusula que nos perjudicaba claramente; como no estábamos presentes al conducir, tuvimos un despiste que provocó un accidente; como no estábamos presentes cuando iniciamos una empresa, no pudimos percibir que nuestras tripas nos decían que era mejor no hacerlo...

Estar presente es, una vez aplicadas todas las anteriores, la mejor protección que podemos adoptar en la vida.

En realidad, estar presente y actuar siempre desde el amor. Hacer cualquier cosa desde el amor en lugar de hacerla desde el miedo genera un campo de protección tan potente que realmente haría casi inútil cualquier otro tipo de precaución.

Pero ya sabes lo que dice el proverbio japonés: «Cree en Dios pero cierra bien la puerta de tu casa». No es lo uno o lo otro; es lo uno y es lo otro.

# 29.
# Jubilación

«La jubilación es para la gente que se ha pasado toda una vida odiando lo que hacía.»

WOODY ALLEN

«No por mucho cotizar te jubilas más temprano.»

(Pintada encontrada en una calle de Madrid)

El 23 de noviembre de 2015 unos amigos y yo zarpamos de Canarias en un velero de quince metros de eslora con el objetivo de cruzar el océano Atlántico a vela. La intención era llegar aproximadamente entre tres y cuatro semanas después al Caribe, a ser posible a tiempo para regresar y pasar la Navidad con nuestras familias en España.

Cruzar el Atlántico a vela es algo radical, único e inefable, que compartí en un artículo en mi blog. (https://www.pensamientopositivo.org/2016/01/06/travesia-del-atlantico-a-vela/) y que por tanto no voy a desarrollar en este libro.

Sin embargo, sí quiero compartir uno de los momentos que más me impresionaron en esta intensa travesía, que fue cuando cruzamos el límite en el que Salvamento Marítimo no puede prestarte ayuda en caso de necesidad de rescate.

En ese momento tomamos consciencia de que, a partir de entonces, y hasta que llegásemos al Caribe, no dispondríamos de ayuda más allá de la que pudiera prestarnos algún barco con el que eventualmente nos cruzásemos —y sabíamos que serían muy pocos, quizá ninguno—, y esa sensación, que tuvo algo de desasosegante, pero también de estimulante, nos invitó a estar aún mucho más conscientes y atentos a la navegación, sabiendo que en el caso de que sucediera una catástrofe probablemente solo nos tendríamos a nosotros mismos durante un período de horas o de días.

De alguna manera, cuando sabemos que nuestra vida depende fundamentalmente de nuestras decisiones, nos convertimos en personas más responsables y conscientes: en una especie de versión mejorada de nosotros mismos.

Mi intención con este capítulo es que tomes consciencia de que estás lejos de la costa y de que en tu jubilación, posiblemente, el Estado no podrá mandarte el equipo de salvamento que esperas en el caso de que lo necesites cuando cumplas sesenta y cinco años.

## Te encuentras solo en medio del océano

El sistema público de pensiones está en crisis por muchas razones, pero principalmente porque está mal diseñado desde su propio origen. Se trata de un sistema Ponzi, en el que las nuevas personas que entran al sistema (obligadas) pagan a quienes llevan más tiempo en el sistema. Si no sabes lo que es un sistema Ponzi, te invito a que busques ahora algo de información sobre cómo funcionan. Es contenido mínimo de cultura general.

Poner a los nietos a trabajar para pagar directamente las pensiones de los abuelos es una idea que necesariamente va a fallar antes o después, especialmente cuando la natalidad desciende y la esperanza de vida crece cada vez más.

La muerte de la muerte está cerca y cada vez vamos a vivir más años, pero este logro extraordinario está poniendo colateralmente en peligro el sistema público de pensiones.

Aunque a nadie parece gustarle hablar de esto, todo parece indicar que el sistema de pensiones, cuya bienintencionada intención es hermosa y generosa, no va a poder encargarse de ti cuando seas mayor, salvo que como sociedad decidamos que las personas trabajen aún más tiempo para pagar impuestos que pagarán las pensiones. ¿Es eso lo que queremos como sociedad?

Aunque la intención es buena, necesitamos replantear la forma en la que queremos llevarla a cabo de manera urgente. Deberíamos estar teniendo este debate en Europa en este momento.

Espero que no seas de los que aún piensan que el Estado se encargará plenamente de ti cuando te jubiles. Todo apunta a que lo que posiblemente sucederá es que tendrás una jubilación mínima que te servirá para cubrir los gastos mínimos, y necesitarás complementar esa ayuda con otro tipo de ingresos.

Cada vez más personas tendrán que seguir trabajando una vez que hayan alcanzado la edad de jubilación porque sus ingresos no les permitirán disfrutar de su estilo de vida.

Lamentablemente, jubilarse será el momento de pasar de clase media a clase baja para muchas personas. Si quieres saber más sobre este asunto, te invito a que leas el libro *Adelanta tu jubilación*, que explica en detalle por qué es importante que planifiques desde hoy tu jubilación.

> Lamentablemente, jubilarse será el momento de pasar de clase media a clase baja para muchas personas.

Mi deseo es inspirarte para que empieces a tomar medidas que te permitan no pasar estrecheces económicas, y eso incluye el momento de la jubilación. Pero más allá de eso también deseo que reflexiones sobre la idea de que podrías jubilarte antes si así lo deseas y estás dispuesto a hacer lo que hay que hacer. También podrías no jubilarte nunca si verdaderamente amas lo que haces y la salud te acompaña. Lo de jubilarse a los sesenta y cinco es solo una convención fruto de un momento y de una sociedad que ya no existen y que posiblemente habrá que revisar próximamente.

Creo que el ser humano merece mucho más que estar trabajando solo a cambio de dinero, por lo tanto creo en la importancia de dedicar algo de tiempo y de dinero a aprender a generar ingresos pasivos que nos permitan ser independientes financieramente, para poder jubilarnos cuando así lo deseemos, mucho antes incluso de que llegue la edad oficial de jubilación.

## Las microjubilaciones

Creo que el concepto de jubilación ha hecho un daño terrible a millones de seres humanos porque se ha convertido en una zanahoria que los mantiene trabajando durante años en empresas cuyos valores y objetivos no comparten, mientras esperan con ilusión a que llegue el momento en el que por fin podrán disfrutar de su tiempo libre.

Cuando finalmente se jubilan, normalmente descubren que ya es tarde, y que la vida fue aquello que pasó mientras esperaban. Y eso en el caso de que lleguen, algo que, discúlpame por la obviedad, no le sucede a todo el mundo.

El concepto de jubilación permite que muchas personas trabajen cuando en realidad no lo desean, de la misma forma que el fin de semana mantiene a muchos trabajando solo con la ilusión de que les lleguen un par de días de permiso.

Lo único que hacen es retrasar el problema, a veces hasta un momento donde ya no se puede hacer nada. De todo corazón lo digo: creo que, en el siglo XXI, podemos pedirnos un poquito más.

Si hay que trabajar para ganar un suelo, se hace y se hace con ilusión, muchos lo hemos hecho durante años y yo lo único que siento es agradecimiento. Pero mientras se hace también se puede empezar a preparar cuál va a ser la siguiente etapa del camino.

De manera que más que en la jubilación, ese momento en el que parece que se podrá hacer todo lo que hemos ido posponiendo, me gusta más el concepto de microjubilación.

Una microjubilación es un retiro temporal donde podemos hacer lo que deseemos, y que normalmente pensarías para cuando te hayas jubilado: ya sea hacer El Viaje, o simplemente quedarse en casa descansando una temporada.

En este momento de la historia, donde cada vez hay más nómadas digitales y *laptop-millionaires*, es relativamente fácil que puedas hacer esto.

Todos los años me microjubilo unos cuantos días, como hábito terapéutico y de salud. Normalmente aprovecho la microjubilación para preparar un libro, estudiar o viajar. Cuando crucé el Atlántico a vela lo hice en el marco de una microjubilación en la que quería tener cierta experiencia para enriquecer mis formaciones. Este libro, por ejemplo, lo estoy escribiendo en varias microjubilaciones; escribir me parece un excelente plan para un microjubilado.

¿Entiendes por qué es importante que empieces a estudiar y a planificar tu jubilación desde el día de hoy?

## Entonces, ¿qué hago con mi jubilación?

Lo primero es tomar consciencia real de que tienes que tomar alguna decisión al respecto, independientemente de cuál sea tu situación hoy. Después empezar a trazar un plan para construir activos que puedan ofrecerte ingresos pasivos cuanto antes. Una opción que personalmente no me gusta nada es el plan de pensiones. La razón es muy sencilla: no me gusta que un tercero gestione mi dinero.

> **No me gusta que un tercero gestione mi dinero.**

Más aún si yo no puedo volver a tocar ese dinero hasta que llegue la edad de jubilación, o si estoy en paro durante meses. Si quieres ser mayor de edad económicamente hablando, hay un principio básico y es que tu dinero lo gestionas tú.

Aun así, los planes de pensiones podrán ser útiles para personas con ninguna inteligencia financiera ni intención de tenerla, y que no sean capaces de ahorrar o invertir sin gastarse su dinero.

No es inteligente, por mucho que intenten demostrar lo contrario, despedirte de una cantidad de dinero hoy y no volver a verla hasta los sesenta y cinco años, o hasta que pases cierto tiempo sin empleo. Hasta un niño de diez años entiende que esta fórmula no tiene sentido y que es tratar a personas adultas como a niños.

Para ser libre financieramente necesitas tener el control de tu vida, y eso pasa por retomar el control de tu dinero. Dejarle tus ahorros a alguien tanto tiempo es una decisión poco sofisticada.

En definitiva, si ahorras un 10 % de todos tus ingresos e in-

viertes otro 10 % de tus ingresos, podrías solucionar tu jubilación, especialmente cuanto antes empieces con ello, como ya
aprendiste en el capítulo del interés compuesto.

# 30.
# Tu Equipo A:
# tu equipo de asesores

«Se necesitan dos años para aprender a hablar y sesenta para aprender a callar.»

ERNEST HEMINGWAY

«Todas las personas que conozco son superiores a mí en algún sentido. En ese sentido aprendo de ellas.»

RALPH WALDO EMERSON

¿Cómo has podido confiar en un fabricante de ladrillos sobre una cuestión de joyas? ¿Irías a ver al panadero por un asunto de las estrellas? Seguro que no, si pensaras un poco, irías a ver a un astrónomo. Has perdido tus ahorros, mi joven amigo; has cortado tu árbol de la riqueza de raíz. Pero planta otro. Y la próxima vez, si quieres un consejo sobre joyas, ve a ver a un joyero. Si quieres saber la verdad sobre los corderos, ve a ver al pastor. Los consejos son una cosa que se da gratuitamente, pero toma tan solo los buenos. Quien pide consejo sobre sus ahorros a alguien que no es entendido en la materia habrá de pagar con sus economías el precio de la falsedad de los consejos.

GEORGE S. CLASON, *El hombre más rico de Babilonia*

¿Cómo es posible que cada día tantas personas tomen decisiones económicas de vital trascendencia para ellas sin contar con asesoramiento?

¿No te llama la atención que cada día se firmen hipotecas y contratos, se hagan inversiones y no sé cuántas cosas más en las que los protagonistas no han averiguado si eso que van a hacer tiene realmente sentido? La mayoría de nosotros hemos pasado muchos años en el sistema educativo, donde no solo hemos aprendido los afluentes del Tajo por la derecha, sino sobre todo una forma de estar y de hacer en la vida.

En nuestras familias y escuelas es donde aprendemos lo que está bien y lo que está mal y, salvo que nos detengamos a reflexionar sobre ello, nos pasaremos el resto de la vida asumiendo que esas ideas son buenas, lo cual puede ser cierto... o no. Con frecuencia, lo que nos lastra en nuestra vida no es tanto lo que desconocemos, como lo que conocemos y creemos que es cierto, pero que, sin embargo, no lo es.

Hay al menos tres ideas que aprendimos de forma indirecta en el sistema educativo que están ralentizando que muchas personas progresen en la vida, ya que les impiden contar con el asesoramiento adecuado.

1. PENSAR QUE SOLO HAY UNA RESPUESTA VÁLIDA EN LA VIDA. Es el síndrome del examen tipo test. Durante años, para sobrevivir, nuestro cerebro aprende que solo existe una respuesta única en la vida: la correcta para pasar el examen y que normalmente es la que indica el profesor o libro de texto. Esto nos lleva a concluir —equivocadamente— que en la vida solo existe una respuesta adecuada. La consecuencia directa de pensar que solo existe una respuesta válida en la vida es tener miedo a no acertar. De ahí a la parálisis hay solo un paso. El único lugar donde solo existe una respuesta única en la vida es en los exámenes en la escuela.

En la vida real hay mil maneras de negociar bien y mil maneras de conducir mal una negociación. Hay mil maneras de acertar con el mejor regalo para tu pareja, y también mil maneras de fallar en ese mismo regalo. Las cosas no suelen ser blancas o negras... Eso solo pasa en los exámenes del sistema educativo, un lastre histórico con el que aún cargamos.

Hace unos años hice un examen tipo test, ya que no me quedaba más remedio para obtener una titulación. Aunque en la vida me examino cada día, llevaba años sin enfrentarme a un examen tipo test, y espero que pasen muchos más. Me pareció un acto quijotesco y exótico sin ninguna correlación con lo que la vida real me iba a exigir después.

De hecho me propuse recordar ese día con detalle para poder revelarle a mis nietos cómo funcionaban las cosas en el pasado. Si todo va como esperamos, este tipo de exámenes nos parecerá algo tan arcaico e inexplicable como hoy en día lo es desplazarse en mula.

La idea de que solo existe una respuesta correcta en la vida puede conducir a pensar que lo que dice tu abogado, tu asesor fiscal o el asesor comercial del banco es La Verdad. Cuando seguramente otra persona te pueda ofrecer otro punto de vista que quizá también desees conocer.

Muchas personas cometen errores fatales en su gestión económica como consecuencia de escuchar solo un punto vista y de pensar que es la respuesta correcta al examen.

2. PENSAR QUE UNO TIENE QUE SABERLO TODO. El único lugar del planeta donde para progresar tienes que saberlo todo es dentro de las aulas de la escuela o de la universidad.

Recuerda bien esto porque es clave para mejorar tus resultados económicos.

El sistema está planteado de manera que para progresar tienes que saber un poco de todas las asignaturas, algo que no solo no guarda ninguna correlación con la vida real, sino que hace sentirse tremendamente inútiles a personas que son brillantes solo en una materia, pero no en las demás.

La vida nos plantea exámenes cada día, y normalmente podemos –y debemos– contar con ayuda, asesoramiento u opinión externa.

El único lugar donde no se puede contar con la ayuda de nada ni de nadie es en los exámenes del sistema educativo. El problema de esa norma es que solo funciona allí dentro, y muchas personas se pasan el resto de su vida funcionando por inercia de esa manera.

Desde pequeños nos explican que los exámenes hay que hacerlos sin ayuda de nadie. Más grave todavía: en los exámenes se penaliza el trabajo en equipo, e incluso se le ha asignado un nombre peyorativo –copiar– que te puede expulsar de ese sistema.

En la vida real, sin embargo, las personas de éxito «copian» todo el tiempo. Copiar en la vida real es contar con la ayuda de expertos para tomar decisiones y aprobar el examen.

¿Te imaginas al CEO de una empresa con diez mil trabajadores tomando una decisión sin contar con la ayuda de nadie por miedo a que le pillen copiando? ¿Te imaginas un padre tomando una decisión sobre la salud de su bebé basado solo en lo que es capaz de recordar en ese momento? ¡Incluso los pilotos de aviones consultan chuletas para recordar los procedimientos de despegue y aterrizaje!

En la vida real, nadie te castigará por «copiar». Contar con la ayuda de personas que saben más que tú es esencial. El individualismo que propone el sistema educativo impide que muchas personas progresen económicamente cuando salen al mundo real.

La idea de que tienes que saberlo todo te puede conducir a tomar decisiones importantes sin consultar a expertos, asesores, abogados, consejeros, psicólogos o personas que reúnan algún tipo de experiencia en ese asunto.

En la vida real el conocimiento lo es todo. Y rara vez una persona puede saber de todo; por tanto, necesitamos asesoramiento, necesitamos trabajar en equipo: el éxito económico pocas veces suele ser la consecuencia de un trabajo individual.

3. PENSAR QUE TENGO QUE HACERLO TODO YO. Si en la escuela un compañero le hace los deberes a otro a cambio de, digamos, que le preste la bicicleta, probablemente ambos tendrán problemas con la autoridad.

Sin embargo, en la vida real, los seres humanos colaboramos todo el tiempo. Y el éxito de una persona y de una sociedad suele ser directamente proporcional a su capacidad de colaborar con otras personas.

El sistema educativo es el único lugar donde a una persona se la penaliza por no hacer bien las cosas en una materia o área en concreto.

> El éxito de una persona suele ser directamente proporcional a su capacidad de colaborar con otras personas. En una sociedad sucede exactamente lo mismo.

En la vida real te puedes permitir ser una nulidad en casi cualquier asunto que se te pueda imaginar mientras seas capaz de aportar valor a otros seres humanos a través de aquello en lo que sí que eres bueno.

Pero es que la propia vida no quiere que seas bueno en todo, de otra manera te habría dado habilidades para serlo. Ninguna parte de la naturaleza tiene todas las habilidades. Si juzgamos a un león por su capacidad de bucear para encontrar plancton, posiblemente suspenderá el examen.

En la vida real lo que sucede es que, si aprendo a hacer cada vez mejor aquello en lo que soy bueno, cada vez será menos importante si no soy habilidoso haciendo otras tareas, o conociendo ciertas materias, que podrán hacer otras personas que sí sepan hacerlas.

Establecer redes de colaboración ha convertido históricamente a los seres humanos en lo que somos hoy. Sería extravagante que alguien tuviera que aprender a sembrar, a cuidar del ganado, a cortar leña y a inventar y fabricar su propio dispositivo telefónico para poder vivir. La colaboración es la clave del avance de nuestra sociedad.

Apalancarte en el tiempo y conocimiento de otras personas (y que otras personas lo hagan con el tuyo) es una habilidad básica para progresar profesional y económicamente, y que permite que la Humanidad en su conjunto siga progresando.

## No pidas consejo sobre colores a un ciego

¿Cómo es posible que un viaje que no debería haber durado más de unas pocas semanas le llevase finalmente cuarenta años a Moisés? Para mí la respuesta es clara: no contó con el asesoramiento adecuado.

Ser capaz de averiguar si el asesoramiento que estoy recibiendo es el adecuado es una pregunta clave, aunque la respuesta no es siempre evidente.

La persona que te asesora tiene que ser experta en esa materia. Dicen que un experto es una persona que acumula más errores que los demás en un área concreta de conocimiento.

Alguien puede ser experto porque ha visto cómo otros se equivocan o puede serlo porque se ha equivocado con sus propias iniciativas. Ambos puntos de vista tienen algo interesante, pero si tengo que elegir me gusta más el conocimiento de quien lo ha vivido en primera persona, aunque este asesoramiento resulta más complicado de conseguir.

> La persona que te asesora tiene que ser experto en esa materia. Dicen que un experto es una persona que acumula más errores que los demás en un área concreta de conocimiento.

Un asesor es una persona que debería tener el ojo entrenado para ver lo que otros no ven.

El trabajo del asesor es que sea capaz de ayudarte a ver lo que no es visible a priori, al menos para todo el mundo. Si todo el mundo lo ve, entonces no necesitas pagar a alguien para que te lo señale. En la vida con frecuencia lo más importante es lo que no se ve.

La clave radica en buscar consejo independiente, imparcial y, a ser posible, basado en la experiencia. Escuchar varios puntos de vista también puede ser buena idea en según qué ocasiones. Escucha con humildad y haz preguntas.

A veces es más importante detectar lo que no sabe que lo que sí sabe. Y preguntar al que no sabe es como preguntar al ciego por su opinión sobre un color.

> Un asesor debe tener el ojo entrenado para ver lo que otros no ven.

Creo que es más importante pedir información que pedir ayuda (no es lo mismo), no calcular lo que gana el otro sino lo que ganas tú y no confundir asesoramiento con asesoramiento comercial. Ambos son importantes pero no sirven para lo mismo. El primero te explica lo que más te conviene y el segundo te explica las características de un producto o servicio en concreto.

**Varios tipos de asesoramiento**

Aunque el más frecuente suele ser el de pagar a una persona para que nos comparta su conocimiento sobre un tema, no es la única manera de asesorarte.

También puedes obtener asesoramiento de:

- Mentor. Un mentor es una persona que ha recorrido un poco más del camino que tú estás transitando ahora mismo, y que por tanto acumula más horas de experiencia. Un mentor comparte contigo su punto de vista sobre las dificultades que puedes encontrarte por el camino.
- Educación. Aunque en teoría a una formación vamos a escuchar, lo cierto es que si asistes con claridad al respecto de qué necesitas aprender, en algunas formaciones, los profesores podrán ejercer de asesores. Asistir a una formación y hacer preguntas es una excelente manera de evaluar a un posible asesor o, como mínimo, de encontrar puntos de vista diferentes para aquello que necesitas saber.
- Mastermind. Ya hemos hablado de ello, pero aprovecho para recordarlo: un Mastermind es una manera de apalancarte en la experiencia de otras personas sin tener que pagar por ello. A cambio, ofrecerás tu experiencia al resto de manera desinteresada.

- Formar parte de un Mastermind no solo puede suponer un apoyo emocional extraordinario para recorrer el camino de desarrollo que has elegido transitar en la vida, sino que además puede ofrecerte multitud de ideas muy valiosas para tu vida personal y profesional. Formar parte de un Mastermind es una de las mejores decisiones que puedes tomar.
- Asesores propiamente dichos. Es decir, personas que cobran por ofrecerte su conocimiento. Es importante que tengas tu equipo mínimo de asesores, que tienen que cubrir diferentes áreas. Vamos a ver cuáles son los integrantes mínimos de tu Equipo A.

## Crea tu propio Equipo A

Supongo que recuerdas una serie de televisión de los años ochenta que se llamaba *El equipo A*. Me fascinaban los capítulos de este equipo que defendía a los buenos de los malos de manera desinteresada. Lo importante es que cada uno disfrutaba de una serie de habilidades y la suma de todas ellas era lo que permitía que acabasen siempre sus misiones con éxito.

Por eso necesitas crear tu propio Equipo A, compuesto por personas con habilidades diferentes y complementarias. Estos son los integrantes mínimos de tu Equipo A:

ASISTENTE PERSONAL. Una de las primeras figuras que necesitarás en tu equipo es un asistente personal, que es una persona con la que te complementas para que las cosas importantes puedan ser hechas.

CONTABLE. Llevar un control exhaustivo de los números es fundamental para cualquier persona o negocio. Sin números no se pueden adoptar buenas decisiones. Sin información, no puedes saber qué dirección tomar.

Una de las razones por las que los autónomos no logran pasar a ser empresarios es porque no llevan buenos registros. Exígele a tu contable que sea riguroso con los registros. Hasta cierto nivel de facturación tendrás que supervisar que las cuentas se llevan bien. He podido comprobar en los últimos años como casi nadie hace esto, y cuando alguno decide hacerlo normalmente suele encontrarse con sorpresas.

A partir de cierto nivel de facturación puede ser una buena idea, si no quieres supervisar tú mismo las cuentas, contratar a una tercera parte para que las audite.

La idea es que tienes que crear un sistema de supervisión. No puedes pagar sin más los impuestos que te indiquen en la asesoría. No puedes hacer un acto de fe y confiar en tu gestoría o asesoría a ciegas, por muy buenos que te parezcan.

Crear sistemas de gestión es una parte esencial para el crecimiento económico. Tanto creo que es así que es una de las asignaturas esenciales del www.masterdeemprendedores.com, porque hay una diferencia enorme entre las personas y empresas que tienen sistemas de gestión y las que no los tienen.

ASESORÍA FISCAL. La asesoría es la que te ayuda a ver la foto grande. Mientras que el contable pasa los ingresos y gastos a la contabilidad, la asesoría te ayuda a entender y a dibujar la estrategia.

En pequeños y medianos negocios, asesoría y contable suelen ser la misma empresa. La mayoría de las asesorías no hacen sino responder reactivamente a las preguntas y situaciones que les plantees, de manera que tendrás que aprender a liderar este asunto para comprobar que todo está en orden.

Aprende a dar trabajo a tu asesoría mediante preguntas inteligentes que te ayuden a estar seguro de que está todo preparado correctamente.

BANCO. Recuerda que hay cuatro estadios posibles en la gestión de tu dinero. En el último aprendes a manejar el dinero de los demás. En esta etapa disfrutar de buenas relaciones con los bancos es esencial, algo que habrás ido trabajando durante las anteriores etapas. Los bancos te van a prestar en función de tus resultados.

Estate preparado para hablar su lenguaje si quieres que te presten dinero.

Tener relaciones con varios bancos puede ser buena idea.

ABOGADO. Consulta a tus abogados antes de tomar cualquier decisión importante y evitarás muchos problemas.

TÉCNICOS EXPERTOS EN TU INDUSTRIA. Cada sector tiene un conocimiento específico que además puede variar a gran velocidad según de qué industria estemos hablando. Crea tu propio equipo de técnicos con los que puedas seguir aprendiendo constantemente sobre tu negocio.

La clave de todo este capítulo radica en que diseñes una vida en la que puedas estar aprendiendo todo el tiempo.

# PASO V
## Practica las cinco herramientas que pueden cambiarlo todo

«El mayor avance del conocimiento es aportar conocimiento. Pero todavía más aportar ignorancia, transformar la ignorancia inconsciente en consciente, que es la clave del descubrimiento.»

PEDRO MIGUEL ECHENIQUE

«No sabemos lo que nos pasa y eso es lo que nos pasa.»

JOSÉ ORTEGA Y GASSET

¿Alguna vez has dudado de si meterte o no en una piscina pensando que el agua estaría muy fría? ¿Y te ha pasado que, mientras lo estás pensando, alguien se tira al agua? Entonces, cuando saca la cabeza a flote, ¿qué es lo primero que te dice? ¡Exacto!: «¡No está tan fría, tírate!».

Desde la orilla, el agua normalmente parece más fría de lo que finalmente está.

Sé por experiencia que, antes de emplear las herramientas que te voy a proponer, su uso parece más gélido de lo que luego realmente resulta. Ya sabes que la vocecita siempre dice que el agua está muy fría.

Un cohete consume la mayor parte de la energía que tiene disponible en el despegue. En cualquier proyecto, el mayor empuje lo necesitamos siempre en el comienzo. Cuando empezamos, sea lo que sea, necesitamos una dosis extra de energía para vencer la resistencia inicial, al igual que los cohetes al despegar.

## Sin datos no hay paraíso

Sin información, las decisiones que tomas están basadas solo en la intuición (en el mejor de los casos) o en la mera elucubración (en el peor de los casos).

Asúmelo: sin datos no hay paraíso.

Una vez escuché que un líder es esencialmente una persona que hace tres cosas. La primera es atreverse a poner sobre la mesa la necesidad de tratar cierto tema complicado. La segunda es buscar datos e información que avalen esa necesidad. Y la tercera es proponer una solución concreta basada en esos datos. Me gusta esta valoración.

Por otra parte, no creo que se puedan tomar decisiones basadas exclusivamente en los datos. Creo que la intuición es crucial y también que los datos nutren la intuición. De nuevo: no es lo uno o lo otro; es lo uno y es lo otro.

Pero, en cualquier caso, todo empieza con el análisis de datos. Sin información no serás capaz de saber qué decisiones tomar. Sin datos no hay paraíso.

## Busca en el lugar correcto

Las herramientas que voy a proponerte te van a permitir encontrar lo que buscas porque te ayudarán a poner el foco en el lugar adecuado: en el detalle de tus finanzas.

No se puede dirigir una empresa o un país sin números. Mejor dicho, no se debería. Te puede gustar o no, pero sin información no tienes verdad. Y sin verdad no se pueden tomar decisiones.

La información te permite tomar decisiones en un sentido o en otro, por eso las empresas destinan recursos para disponer de información actualizada y pagan a contables, analistas y financieros. ¿Crees que lo hacen por obra social? Lo hacen porque es imprescindible. Im-pres-cin-di-ble. Y es igual de necesario tanto para una gran empresa como para una persona o familia.

Es importante buscar en el lugar correcto aquello que buscamos. Y el lugar para buscar el progreso de nuestra economía está en la verdad, en los datos y en la información.

Y ese lugar correcto son las herramientas que estoy a punto de presentarte.

Algunas personas dicen que no les apetece usar estas herramientas o que no son buenas con los números.

Si eres de los que dicen que no les gustan los números, solo te puedo decir que un niño de diez años puede emplearlas. ¡En serio! Así que lo siento pero aquí no te compro esa excusa.

Muy tarde por la noche Nasrudín se encuentra dando vueltas alrededor de una farola, mirando hacia abajo. Pasa por allí un vecino.

—¿Qué estás haciendo, Nasrudín, has perdido alguna cosa? —le pregunta.

—Sí, estoy buscando mi llave.

El vecino se queda con él para ayudarle a buscar. Después de un rato, pasa una vecina.

—¿Qué estáis haciendo? —les pregunta.

—Estamos buscando la llave de Nasrudín.

Ella también quiere ayudarlos y se pone a buscar.

Luego, otro vecino se une a ellos. Juntos buscan y buscan y

buscan. Habiendo buscado durante un largo rato acaban por cansarse. Un vecino pregunta:

—Nasrudín, hemos buscado tu llave durante mucho tiempo, ¿estás seguro de haberla perdido en este lugar?

—No —dice Nasrudín.

—¿Dónde la perdiste, pues?

—Allí, en mi casa.

—Entonces, ¿por qué la estamos buscando aquí?

—Pues porque aquí hay más luz y mi casa está muy oscura.

*Cuento de Nasrudín*

Es importante buscar en el lugar correcto. Lo mejor de las herramientas que aprenderás es que te permitirán contarte la verdad sobre tu economía.

Además, y eso quizá es lo más relevante, te van a permitir acceder a una radiografía de tu alma.

## Una radiografía del alma

Estudiar el extracto de la cuenta bancaria de una persona —o familia— es como hacer una radiografía de su alma.

Es algo que dice verdaderamente la persona que eres. Las palabras son gratis y podemos decir las que queramos; pero la forma en la que ingresamos y gastamos el dinero expresa las profundidades del alma.

Analizar tus ingresos y tus gastos es leer directamente el inconsciente. Estudiar los extractos de tu cuenta bancaria es la forma de encontrarte con la verdad de la persona que eres.

> Analizar tus ingresos y tus gastos es leer directamente el inconsciente.

¿No me crees? ¡Haces bien! Pero prueba a practicar durante un año estas herramientas que vas a conocer y podrás comprobarlo por ti mismo.

Si quieres conocer verdaderamente la persona que eres, rescata y analiza los ingresos y gastos del último año.

Allí encontrarás claramente cómo ingresas, es decir la forma que tiene la vida de pagarte en contraprestación por tu servicio al mundo. También comprobarás de manera clara la forma en la que gastas.

Cómo ganas y cómo gastas el dinero expresa verdaderamente, te guste o no, quién eres. ¿Tu familia es una prioridad? Allí es dónde se verá si es así, o no. ¿La educación es importante? Tus cuentas lo reflejarán, o no...

> Hablar es gratis, pero la forma en que gastas y ganas el dinero expresa verdaderamente quién eres.

**El hábito es más importante que la cantidad**

En nuestras formaciones, cuando empezamos a poner en práctica y a emplear las herramientas de diagnóstico, balance, presupuesto o control de ingresos y gastos, algunas personas ofrecen resistencia y me responden que ya lo harán cuando tengan dinero y que ahora no lo necesitan.

Y cada vez que alguien dice esto, en mi cabeza oigo ese típico sonido de un concurso de televisión que suena cuando el concursante está eliminado: Meeeeeeeeeeeec. ¡Fuera, eliminado!

El problema es que resulta complicado que una situación económica mejore sustancialmente si no se lleva el control.

Adoptar el hábito de ser riguroso con tus cuentas, independientemente de lo que ingreses en este momento, unido a otros comportamientos que ya has aprendido, es clave para permitir que tus finanzas personales experimenten una mejoría. Por eso el hábito es más importante que la cantidad. Si no puedes administrar bien 1.000 €, con certeza no serás capaz de administrar bien 3.000 €. De hecho, la vida, en su profunda generosidad, está haciendo un favor al no ofrecerle 3.000 € a quien no sabe administrar 1.000 €. Si no sabes llevar una bicicleta, no deberías conducir motos de carreras.

Por otra parte, al empezar a administrar tu dinero, le estás mandando un mensaje diáfano a tu cerebro de que ya eres otra persona, de que ahora las cosas funcionan de otra manera porque ya eres otro ser humano.

Por eso el hábito es más importante que la cantidad.

Conozco a personas que no han empleado estas herramientas durante tiempo porque me decían que no querían estar preocupadas por el dinero. Lo cierto es que yo tampoco. Por eso precisamente les dedico tiempo, porque al ocuparme durante un rato al mes de este asunto, estoy sentando las bases para no tener que preocuparme por el dinero todo el resto del mes.

La mejor forma de no preocuparte por el dinero es ocupándote de él.

El hábito es más importante que la cantidad porque te permite ocuparte de manera regular para no tener que preocuparte después.

Te presento las herramientas que cambiarán tu relación con el dinero para siempre.

# 31.
# Diagnóstico

«El que conoce a los hombres es sabio; el que se
conoce a sí mismo está iluminado.»

LAO TSE

«Lo que cuenta no es lo que vas a hacer, sino lo que
estás haciendo ahora.»

NAPOLEON HILL

En el seminario de finanzas personales «Vivir con abundancia»
trabajamos en profundidad el diagnóstico de la situación actual
de los participantes, porque sabemos que sin la verdad sobre
lo que ha sucedido en el pasado no se puede diseñar el futuro.
Y eso es lo que voy a proponerte aquí.

Sin la verdad sobre el pasado posiblemente el futuro no se
va a diferenciar mucho de aquel, porque cualquier verdad es-
condida prepara su venganza. Cuando hablo de la verdad me
refiero sencillamente a lo que ha sucedido en realidad.

He visto la vida de personas cambiar a mejor como consecuencia de hacer estos ejercicios seriamente.

Te invito a que te tomes el tiempo que necesites para poder
disfrutar de una idea más clara de qué ha pasado hasta ahora.

Al hacerlo estarás pasando a formar parte de una élite que sabe
qué ha pasado exactamente en su economía.

¡A por ello!

1. Elabora un balance (en el siguiente capítulo aprenderás a hacerlo).
2. Calcula cuánto dinero has ganado aproximadamente en total a lo largo de toda tu vida (después de impuestos).
3. Calcula cuántas horas has trabajado aproximadamente a lo largo de toda tu vida.
4. Calcula cuál ha sido el precio medio al que has vendido tu hora. Recuerda sumar las horas de transporte y comidas fuera de casa.
5. Calcula cuánto has ganado realmente el año pasado. Ahora piensa cómo podrás hacer para incrementar esa cifra sin invertir más tiempo.
6. Calcula tus ingresos reales del último año. Ahora restaremos el dinero que has gastado en transporte, ropa, alimentación fuera de casa, etc.
7. Calcula las horas que trabajaste el año pasado (incluye transporte, alimentación y formación) y ahora calcula cuánto ganaste a la hora realmente el año pasado.
8. Calcula la energía vital de los gastos más importantes en los que incurriste. Como ya sabes qué cantidad ganas por hora, puedes calcular las horas que te cuesta (energía vital) cada uno de esos gastos. Si ganas 10 euros a la hora y una comida fuera de casa son 20 euros, esa comida te está costando realmente dos horas de trabajo.
9. Calcula tus gastos reales anuales, incluyendo los gastos que solo suceden una vez al mes.
10. Haz una lista de todas tus deudas, buenas y malas, y traza un plan para solucionar las malas.

Cuando termines comprobarás que tu nivel de consciencia sobre qué ha pasado con el dinero en tu vida se ha transformado.

# 32.
## Presupuesto

«Un presupuesto es una herramienta que te dice
dónde irá tu dinero en lugar de preguntarte dónde
habrá ido.»

JOHN MAXWELL

Los países se rigen por presupuestos. Y las empresas, comunidades de vecinos y entidades no lucrativas también lo hacen. O al menos deberían hacerlo. La principal herramienta de gestión de un país es el presupuesto, porque es el documento que refleja la decisión que se ha tomado al respecto de dónde irá el dinero, y por tanto el tiempo y la energía de sus ciudadanos, y de qué se hará con él. Un presupuesto refleja las prioridades de una persona, empresa o país. Por eso me sorprende tanto que la mayoría de las personas y de las familias no se rijan por un presupuesto.

> Un presupuesto refleja las prioridades de una persona,
> empresa o comunidad. Por eso me sorprende tanto que
> tantas personas y familias no se rijan por un presupuesto.

También me sorprende que se siga sin enseñar en las escuelas la importancia que tiene un presupuesto para la vida de una persona, familia o empresa. O no me sorprende; a veces ya no sé qué pensar...

Hacer un presupuesto de la economía familiar o de tu empresa, que debería ser un acto cotidiano, se ha convertido por tanto en un acto subversivo de consciencia financiera.

¿Recuerdas cuando los esclavos aprendieron a leer? Lo hicieron porque sin acceso a la información sabían que seguirían siendo esclavos. Hacer un presupuesto puede tener unas consecuencias en tu vida similares a las que tuvo para aquellos esclavos aprender a leer y a escribir.

Un país sin presupuesto, con un mal presupuesto, es decir con las prioridades incorrectas, o que no respeta sus presupuestos irá a la ruina. En una persona, familia o empresa las cosas no son diferentes.

De hecho esto es lo que sucede con frecuencia. Decidir dónde va el dinero (hacer un presupuesto) es decidir qué prioridades tenemos para nuestro futuro. Por eso es tan importante.

> Un país sin presupuesto, con un mal presupuesto, es decir con las prioridades incorrectas, o que no respeta sus presupuestos irá a la ruina. En una persona o familia las cosas no son diferentes.

Si no hay ninguna decisión al respecto, el dinero podrá ir a cualquier sitio, y los resultados, en consecuencia, podrán ser de cualquier tipo.

Gobernar un país es en gran medida tomar decisiones de hacia dónde se dirige el dinero. Gobernar tu vida es en gran medida tomar decisiones al respecto de qué harás con tu dinero.

La mayoría de las personas sobrevaloran los cambios que pueden introducir en su vida en un año. Hablemos claro: en la mayoría de las ocasiones cambiar una inercia de una vida entera en tan solo doce meses resulta complejo. Es como frenar un coche que va a ciento veinte kilómetros por hora en cinco segundos. Es simplemente poco tiempo para hacerlo.

Pero al mismo tiempo, y aquí está la clave, la mayoría de las personas infravaloran los cambios que pueden introducir en sus vidas en un período de alrededor de cinco años. Mantener un rumbo concreto durante un período de cinco años puede generar cambios radicales en tu vida. Pero para ello necesitarás, entre otras cosas, que el presupuesto te ayude a mantener ese rumbo.

Administrar el dinero correctamente durante cinco años puede generar enormes cambios en tu vida. Si tienes dudas con esto, quizá sea el momento de volver a leer el capítulo sobre el interés compuesto.

Recuerda que tu cerebro no es bueno calculando las consecuencias de una decisión sostenida en el largo plazo.

## El equilibrio es la clave

Cada uno de nosotros tenemos una tendencia natural para comportarnos con el dinero. Y es importante conocerla, respetarla, valorar su parte positiva y cuidar su parte negativa.

Unas personas son más ahorradoras, otras son más gastadoras, otras no quieren ni escuchar hablar del dinero, por ejemplo.

Cada una de estas inclinaciones naturales tiene sus características positivas, y todas son necesarias en diferentes momentos de la vida, por eso es importante respetar cierto equilibrio para poder adoptar cada una cuando sea necesario.

Hay momentos que requieren ahorrar de la misma manera que otros momentos requieren gastar. Y una buena relación con el dinero nos permite distinguir cada momento y obrar en consecuencia.

Hacer un presupuesto te permite guardar el equilibrio y corregir tu tendencia natural. No importa si eres más gastador o más ahorrador, porque con esta herramienta podrás saber hasta cuánto puedes gastar y cuánto puedes ahorrar.

> Para aprender más sobre la importancia del equilibrio cuando ahorramos o gastamos, puedes leer el cuento de *Las 99 monedas*, de Jorge Bucay, y el de *La hormiga y la cigarra*, de Esopo.

## Aprende a hacer un presupuesto en cinco minutos (o menos)

Un presupuesto sirve para decidir qué es lo que harás con el dinero que ingresas, así que la primera operación que harás es dividir el dinero que ingresas anualmente en seis partidas con cantidades diferenciadas para cada una de ellas.

Hay quienes abren seis cuentas bancarias para facilitar la administración. Otras personas prefieren hacerlo sacando mensualmente el efectivo del banco y metiéndolo en sobres o botes, por ejemplo, para saber claramente qué pueden gastar en qué concepto.

¿Y cómo sabes qué cantidad asignar a cada una de estas partidas? Cada una tendrá una cantidad derivada de un porcentaje del total de tus ingresos.

Estas son las diferentes partidas y los porcentajes sugeridos para cada una:

| Gastos diarios | 50 % |
|---|---|
| Ahorro | 10 % |
| Inversión | 10 % |
| Educación | 10 % |
| Lujo | 10 % |
| Donación | 10 % |
| TOTAL | 100 % |

(50 %) GASTOS DIARIOS. Esta partida incluye todos los gastos derivados de tu vida: alquiler o hipoteca, suministros, colegios de los hijos, calefacción, Internet y telefonía, ropa, alimentación, etc. Muchas personas, cuando escuchan esta propuesta de presupuesto por primera vez, afirman que no pueden cumplirlo puesto que sus gastos mensuales superan este 50 %, llegando incluso en ocasiones a superar el 100 %, es decir, gastan más de lo que ganan.

Estos porcentajes son aproximados y lo importante es que comprendas las dos ideas importantes del presupuesto:

1. EQUILIBRIO. Gastar aproximadamente la mitad de tus ingresos te permite equilibrar tus cuentas y empezar a gastar en otras partidas que también son importantes, como el ahorro, la inversión, tu educación, el lujo o la donación. Si gastas todo lo que ingresas, es improbable que alguna vez superes esa situación ya que, sin ahorro, inversiones o ideas nuevas, por ejemplo, difícilmente serás capaz de progresar.

2. APROXIMADO. Estos porcentajes son aproximados. Si hoy no puedes llegar al 50 %, no debes obsesionarte, culpabilizar-

te o abandonar. Se trata de unos porcentajes aproximados que cada persona o familia debe adecuar a su circunstancia y momento personal. Si tus gastos diarios son hoy del 70 %, quizá puedas plantearte disminuirlos primero al 60 % y después al 50 %. También es posible que en tu caso personal con un 40 % te resulte suficiente o que decidas reducirlos al 35 % para disponer de más presupuesto en otras partidas. Tómate esta propuesta con la prudencia necesaria y adáptala con sentido común.

(10 %) AHORRO. Esta partida te permite, como ya sabes porque lo aprendiste en el capítulo sobre el ahorro, eliminar deuda mala, crear tu colchón de tranquilidad o ahorrar para algún objetivo concreto. En el caso de que ya no necesites ahorrar más, podrás derivar este porcentaje a la partida de inversión o de educación.

Por otra parte, recuerda que, según tu situación, podrías desear ahorrar más del 10 % en el caso de que tu situación de partida sea realmente mala, o quizá menos del 10 % en el caso de que ya tengas tu colchón de tranquilidad creado, nada de deuda mala o activos que te proporcionen ingresos regulares.

(10 %) INVERSIÓN. Esta partida te permite disponer de un dinero para empezar a crear tus fuentes de ingresos pasivos.

Como sabes, aquello en lo que nos enfocamos se expande. Si te enfocas en inversiones, empezarás a encontrar oportunidades de inversión.

Si no sabes en qué invertir o no dispones de los conocimientos necesarios para hacerlo, quizá puedas destinar esta parte del presupuesto a la partida de educación o a la partida de ahorro.

(10 %) EDUCACIÓN. Cuando me pregunto qué factores han propiciado en la persona que hoy soy siempre llego más o menos a la misma conclusión.

De una parte, el amor incondicional que he recibido de mi familia más cercana, especialmente de mi madre, lo ha cambiado todo. Confiar en las personas es revolucionario. Hay personas cuya mirada es capaz de ver sin esfuerzo la mejor versión de quienes tienen delante y ayudarlos a convertirse en eso.

Por otra parte, la buena literatura, los museos (que visitaba frecuentemente con mi padre de niño y de adolescente), las bibliotecas, el buen cine... y ya siendo algo más mayor la asistencia a cursos y el estudio de los libros adecuados, algo que podríamos llamar genéricamente educación, ha sido el otro factor que ha transformado mi vida y que me ha ayudado a crecer. Invertir tiempo y dinero en tu educación es probablemente una de las mejores decisiones que puedes tomar en la vida.

Cuanto más complicada sea la situación económica de una persona, más importancia tiene su diezmo educativo (su partida de educación en el presupuesto), porque lo que realmente cambiará sus resultados económicos será empezar a hacer las cosas de otra forma, y para ello se necesita primero pensar de una manera diferente.

Y esto es algo que se consigue principalmente gracias a la educación.

Cuando hablo de educación no me refiero solo a la educación oficial, que quizá también quieras cursar. Me refiero por una parte a cultivar una educación humanista que te ayude a tener una mirada global del mundo. Tener conocimientos de literatura, arte, música o historia nos hace mejores personas.

Y por otra parte me refiero a la educación práctica que te facilita un conocimiento aplicable para empezar a generar resultados en la salud, las relaciones y tu vida profesional y, como consecuencia de todo lo anterior, en tu economía.

La partida de educación es la que te conducirá a un lugar mejor, así que asegúrate de que la inviertes adecuadamente y de que aplicas lo que aprendes: la idea no es acumular información, sino aplicarla instantáneamente.

Solo he solicitado un préstamo al consumo en una ocasión. Y, como te puedes imaginar, fue para pagar un máster que cursé cuando tomé la decisión de dedicarme al desarrollo personal y profesional.

Aunque el plazo del préstamo fue de aproximadamente un año me comprometí a emplear todo lo que aprendiese allí para eliminar esa deuda lo antes posible. Y así lo hice: en apenas unos meses ya no debía nada de dinero porque apliqué inmediatamente todo lo que iba aprendiendo.

Por cierto, el porcentaje de educación no se refiere a la educación de los hijos sino solo a la tuya propia y/o la de tu pareja.

(10 %) LUJO. Esta partida incluye gastos en restaurantes, automóviles (salvo si gastas lo mínimo posible y realmente lo necesitas, en cuyo caso corresponde al 50 % de gastos diarios), ropa de capricho, viajes, aparatos electrónicos que no necesitas realmente, etc.

Tanto si eres de los que disfrutas gastando en lujos como si eres de los que rara vez se da un capricho, destinar un presupuesto claro a esta partida te ayudará. En el primer caso porque controlará tu gasto y te permitirá saber cuándo puedes y debes dejar de gastar. En el segundo porque te ayudará a disfrutar más de la vida y a gastar sin sentirte culpable.

Dos ideas para que esto funcione:

1. El presupuesto de lujo hay que gastarlo idealmente cada año, para que de esa manera disfrutemos por el camino. De otra manera el camino puede hacerse tedioso.
2. En el caso de vivir en pareja, cada miembro puede gastar su presupuesto en lo que desee. Esta partida del presupuesto puede acordarse o no.

(10 %) DONACIÓN. Esta partida incluye el dinero que ofreces a proyectos, ideas o causas en las que crees y que posiblemente no estén lo suficientemente apoyadas desde los impuestos que pagas.

El hecho de tener un presupuesto para regalar reforzará la sensación de abundancia dentro de ti. Solo puede dar quien tiene, de manera que si ofreces desinteresadamente una parte de tus ingresos, tu vibración será la de una persona que tiene y por tanto atraerás abundancia. Si deseas profundizar más sobre esta idea, puedes hacerlo en mi libro o seminario *Vivir con abundancia*.

«¡No puedo cumplir este presupuesto!»

He escuchado en cientos de ocasiones a personas de cualquier país o nivel adquisitivo decir que no pueden cumplir este presupuesto.

Recuerda que la idea fundamental del presupuesto es ayudarte a mantener el equilibrio en tu relación con el dinero. Por eso más importante que cumplir el porcentaje exacto es que equilibres parte de tu dinero y energía en cada una de las áreas fundamentales.

## Una cuenta personal y otra profesional

En el caso de que seas autónomo, recuerda separar tus cuentas como profesional de tus cuentas como persona, para lo cual deberás pagarte un sueldo de tu cuenta profesional a tu cuenta personal periódicamente. Este presupuesto es para tus finanzas personales. Aunque deberás seguir también un presupuesto como profesional si eres autónomo o si tienes una empresa. Este libro solo habla de finanzas personales, pero seguir un presupuesto de tu actividad profesional, así como un presupuesto de tesorería, son habilidades fundamentales como emprendedor. Podrás aprenderlas en nuestro seminario «Vivir sin jefe» y en www.masterdeemprendedores.com.

# 33.
# Balance

«Es imposible no tener, pero es posible que no sepas que tienes.»

UN CURSO DE MILAGROS

Para hacerlo fácil, un balance es un documento que elaboramos con regularidad –una vez al mes, por ejemplo– para saber qué es lo que tenemos y/o lo que debemos. Un balance se compone de dos apartados. En uno incluyes todo lo que tienes, así como su valoración aproximada si quisieras venderlo hoy (lo que te costó no importa). En el otro apartado incluyes todo aquello que debes, ya sea a una entidad bancaria o a un amigo.

La diferencia es el balance. ¿Sencillo, verdad?

Si lo prefieres, un balance también puede ser definido como la respuesta a la pregunta: ¿Qué pasaría si decidieras acabar hoy tu actividad económica?

---

**¿Cómo se hace un balance en la práctica?**

Imagina que tienes 10.000 € ahorrados y solicitas un préstamo de 100.000 € para comprar una casa. La casa esta tasada en 100.000 € de manera que empleas el dinero del préstamo para comprar la vivienda y los 10.000 € para pagar impuestos,

---

-313-

notarios y hacerle alguna reparación. Además, tienes acciones de
una empresa que podrás vender en 5.000 €, así como un
coche que te costó 10.000 € y que pagaste al contado.
¿Cómo quedará el balance al mes siguiente de comprar la casa?
Vamos a asumir que nada ha cambiado notablemente en la
vivienda o en el estado económico general del país. En este caso el
balance quedaría de esta manera:

| | |
|---|---|
| Propiedad inmobiliaria | + 100.000 € |
| Acciones de empresa | + 5.000 € |
| Coche | +3.000 € |
| Deuda propiedad inmobiliaria | -100.000 € |
| **TOTAL** | **+8.000 €** |

Por un lado tienes la casa que está valorada en 100.000 €, las
acciones cuyo precio de venta es de 5.000 €, un coche cuyo precio
de venta es 3.000 € (haces una investigación rápida en Internet
y descubres que ese tipo de coches se venden a alrededor de
4.000 €, así que para hacer un balance conservador introduces el
precio menos un 25 %, es decir, 3.000 €.

Por otra parte incluyes todo lo que debes, que en este caso solo
es la deuda del banco, así que el resultado final de este balance es
de 8.000 €.

## ¿Para qué sirve hacer un balance cada mes?

En primer lugar para tomar consciencia de cuál es tu situación económica. Hacer un balance cada mes te dará una foto de cuál es realmente tu situación económica. Un balance es solo la foto de un momento determinado. De hecho el balance cambia a cada momento. Si mientras lees esto te han pasado el recibo de la luz, tu balance acaba de cambiar. Sin embargo, ese nivel de detalle no es útil.

Hacer un balance una vez al mes –incluso una vez al trimestre– es más que suficiente para la mayoría de las personas y familias.

---

Idea: Determina un día fijo en cada mes para hacer el balance; por ejemplo, el primer lunes de cada mes.

---

## Sueldo – Facturación – Patrimonio

| | |
|---|---|
| 1.ª etapa | Sueldo |
| 2.ª etapa | Facturación |
| 3.ª etapa | Patrimonio |

El resultado de tu balance es tu patrimonio. Si el resultado es negativo, significa que no solo no tienes nada, sino que además debes dinero. Si el resultado es positivo, es lo que has conseguido mantener o incrementar.

Algo que sucede con frecuencia es que, a medida que algunas personas van mejorando sus resultados económicos, también cambia el foco de su atención.

Hay tres estadios naturales en la evolución económica de

una persona. Y en cada uno de ellos pone el foco en algo diferente: sueldo, facturación o patrimonio.

SUELDO. Cuando alguien empieza su vida económica, normalmente le interesa el sueldo, la seguridad e incrementar la cantidad fija que ingresa cada mes. Es natural porque esto es lo que le permite cumplir con sus obligaciones.

FACTURACIÓN. Algunas personas empiezan entonces a interesarse por la facturación, es decir, empiezan a buscar una circunstancia profesional que les permita que, a medida que ofrecen más valor, sus resultados económicos puedan crecer. Empiezan entonces a interesarse por la facturación, ya sea convirtiéndose en emprendedores o cobrando un sueldo con una parte directamente vinculada a su desempeño.

PATRIMONIO. Pero algunas personas deciden no quedarse en la facturación, y cuando han logrado cierto nivel de desempeño, entonces empiezan a interesarse por su patrimonio, es decir, por los activos que les proporcionan ingresos pasivos.

# 34.
# Control de ingresos y gastos

«Por fin conocimos al enemigo. Resulta que somos nosotros.»

WALT KELLY

En cualquier vuelo, un avión se pasa la mayor parte del tiempo fuera del rumbo. El viento y las condiciones atmosféricas desvían permanentemente al avión y el trabajo del piloto o del piloto automático consiste en mantener el aparato dentro del rumbo gracias a pequeñas correcciones que se toman sobre la marcha en función de las circunstancias del momento.

El control de ingresos y gastos es una herramienta que te facilita información para que puedas corregir el rumbo antes de que sea demasiado tarde. Te da información no tanto de cómo vas a gastar tu dinero (esa herramienta se llama presupuesto y ya la conoces) sino de cómo lo has gastado.

El control de ingresos y gastos en su versión más sencilla podría ser simplemente una hoja Excel en la que apuntamos cada ingreso y cada gasto en el que incurrimos para poder saber así si nos estamos ajustando al presupuesto o no.

El control de ingresos y gastos te dice la verdad de cómo has gastado el dinero.

## ¿Cómo se hace?

Primero tendrás que crear una hoja para registrar los ingresos y los gastos.

En segundo lugar tendrás que ser disciplinado y pedir un recibo de cada gasto en el que incurras. Si te tomas un café, pides un recibo y lo guardas. Si haces la compra, pides el recibo y lo guardas.

En tercer lugar tendrás que descargarte todos los movimientos bancarios una vez al mes para poder así pasar la información sobre los ingresos y gastos que has tenido al control de ingresos y gastos.

Por último, sugiero que determines un día cada mes, el primer lunes de mes, por ejemplo, para volcar toda esa información sobre la marcha de tu economía. Ese día cogerás todos los recibos, además de los movimientos bancarios, e incluirás esa información en el control.

La idea, por cierto, es recoger los ingresos y gastos para poder volcarlos en el control posteriormente, y no convertirte en un obseso de los números que no para de contarlo todo, como hace el protagonista de la película *Rain man*, que cuenta permanentemente cualquier magnitud que encuentra.

## Ejercicio de saldo

Es posible que no estés seguro de comprometerte a hacer el control de ingresos y gastos de manera regular. Un año sería un período mínimo recomendado para poder beneficiarse de esta herramienta plenamente. Pero quizá quieras empezar por hacer este ejercicio tan solo un mes, antes de comprometerte a llevarlo a cabo de manera regular.

Quizá quieras probar la idea antes de quedártela. El mero hecho de registrar cualquier ingreso y cualquier gasto durante un mes te proporcionará una visión nueva sobre tu economía. Es un ejercicio de rebajas, pero como primera medida puede resultar útil.

# 35.
# Hábitos de inteligencia financiera

«Solo un hábito puede dominar otro hábito.»

OG MANDINO

«Los hábitos, según los científicos, surgen porque el cerebro siempre está buscando una forma de ahorrar esfuerzo. Si dejamos que utilice sus mecanismos, el cerebro intentará convertir casi toda rutina en un hábito, porque los hábitos le permiten descansar más a menudo.»

CHARLES DUHIGG

En la naturaleza hay una fuerza muy poderosa llamada «inercia». La inercia permite que cualquier cuerpo que está en movimiento tienda a seguir moviéndose, y que cualquier cuerpo que está parado tienda a seguir inmóvil.

Por eso cuesta tanto esfuerzo frenar un vehículo que está en marcha y cuesta tanto empezar a mover ese mismo vehículo cuando está quieto.

La inercia te lleva a querer repetir los mismos hábitos que empleaste ayer, por eso suele necesitarse de cierto compromiso extra para incorporar un hábito nuevo, pero una vez integrado en tu día a día, lo que cuesta es cambiarlo.

¿Te ha pasado alguna vez que te cuesta adoptar el hábito de la lectura cada noche, pero una vez que lo tienes no puedes irte a la cama sin haber leído? Es la inercia jugando a tu favor.

¿Te ha pasado alguna vez que te alimentas chapuceramente un par de semanas y a la tercera te apetece darte ese caprichito todo el tiempo? Es la inercia jugando en tu contra.

Los hábitos son los que realmente construyen tu destino.

Posiblemente el principal enemigo al que te enfrentas para tu progreso económico eres tú mismo. La idea de que los resultados que obtenemos en el largo plazo dependen principalmente de cómo hemos actuado en el pasado es una idea que apela directamente a tu responsabilidad.

Tal vez no es una idea cómoda; sin embargo, es una idea útil. Muy útil.

Con los hábitos adecuados puedes desencadenar los resultados que deseas para tu futuro.

> Posiblemente, el principal enemigo al que te enfrentas para tu progreso económico eres tú mismo.

### Hábitos para protegerte de ti mismo

Tu cerebro ama los hábitos. Es suficiente con que repitas algo algunos días a la misma hora para que después te surjan de manera natural las ganas de repetirlo.

Si desarrollas los hábitos adecuados, estos te ayudarán a protegerte de ti mismo, porque evitarán que hagas lo que no tienes que hacer, y te impulsarán a hacer lo que sí tienes que hacer.

El ser humano ama los hábitos. Esto tiene su sentido y es que permiten que el cerebro economice energía no teniendo que pensar qué opción tomar. Esto sería agotador, por eso tu cerebro de manera natural prefiere ser gobernado por hábitos. El cerebro es adicto a funcionar en piloto automático. Y si te apalancas en esta inclinación, estarás jugando con una de las mayores fuerzas de la naturaleza a tu favor: el hábito. Si tienes buenos hábitos, estos te conducirán automáticamente al éxito. Si adoptas malos hábitos, te conducirán automáticamente al fracaso. Es solo una cuestión de hábitos, no de ser inteligente, afortunado, o rico.

Primero tú eliges el hábito; después el hábito te transforma. No tienes que hacer nada más, salvo adoptar un manojo de buenos hábitos. El éxito emprendedor es el resultado de activar los hábitos necesarios y mantenerlos el tiempo suficiente. Esto es todo porque la mayor parte de nuestros comportamientos son repetitivos y, por tanto, recaen en nuestros hábitos.

RAIMÓN SAMSÓ y SERGIO FERNÁNDEZ, *Misión Emprender*

El éxito es una plantilla. Hoy sabemos que ciertos hábitos repetidos el tiempo suficiente ofrecen resultados similares, y esto es algo profundamente liberador porque permite que, una vez adoptados los hábitos adecuados, podamos relajarnos.

Mi deseo es que seas consciente de lo cruciales que son aquellos pequeños hábitos que repites a diario, y que cada pensamiento, palabra y acción son un pronóstico del futuro, especialmente cuando son repetidos el suficiente número de veces.

---

Puedes ver la conferencia «15 hábitos para vivir con abundancia» en pensamientopositivo.org, en YouTube o escucharla en ivoox para seguir aprendiendo más sobre hábitos:

---

- https://www.pensamientopositivo.org/2015/09/21/43-habitos-que-cambiaran-tu-vida/

No obstante, no será suficiente con que adoptes algunos de los hábitos que te propongo. También será necesario que los abraces con intención, estando consciente, y no como un mero ejecutor inerte, ya que hacer algo sin intención no es adoptar un hábito sino adoptar una rutina, como decía la experta en desarrollo personal Joaquina Fernández.

La diferencia entre el hábito y la rutina es que al primero lo dotas de una intención cada vez que lo practicas, mientras que una rutina carece de intención; es solo una acción realizada con frecuencia, pero sin consciencia y sin objetivo. La rutina es muerte con aspecto de vida, es solo repetición mecánica. El hábito, por el contrario, transforma tu vida porque llena de consciencia y de presencia los pequeños actos del día a día.

Te presento los mejores hábitos que he recopilado y testado después de años de estudio sobre finanzas personales. Te invito a que te los pruebes durante un tiempo y a que después te quedes con los que mejor te queden.

Al fin y al cabo, si nos probamos la ropa antes de comprarla, también deberíamos probarnos los hábitos antes de incorporarlos a nuestra vida.

UN RATO DE LECTURA CADA DÍA. Sobre desarrollo personal o profesional. Nuestro cerebro tiene dificultades para comprender el largo plazo, como ya sabes, pero le pasa lo mismo cuando calcula el poder transformador que tiene un pequeño hábito mantenido en el tiempo: lo infravalora.

Pensamos que quince minutos de lectura son poco tiempo, que no merece la pena, y entonces no leemos nada y con ello enterramos una magnífica oportunidad de cambio porque quince minutos de lectura al día pueden significar fácilmente de doce a quince libros al año o, lo que es lo mismo, hasta ciento cincuenta libros por década. ¿Te imaginas qué diferente sería tu vida si hubieras leído ciento cincuenta libros interesantes y cuidadosamente seleccionados sobre salud, dinero o relaciones, por ejemplo, en los últimos diez años?

NO JUEGUES A LA LOTERÍA. No juegues a ningún juego de azar hasta que no disfrutes de una situación económica en la que no tengas ninguna necesidad de jugar. El dinero es la consecuencia de mejorar como persona, no de gastarse dinero en apuestas y loterías.

> Los estudios demuestran que en Estados Unidos los códigos postales que gastan cuatro veces más en loterías son aquellos que menos ingresos tienen. Me puedo imaginar que en España sucede algo parecido.

PIENSA EN TÉRMINOS ANUALES. Cuanto mayor es la perspectiva temporal, más inteligentes suelen ser las decisiones que tomamos; también en lo económico. Establece presupuestos anuales y acostúmbrate a hablar tanto como puedas de cifras anuales. En lugar de hablar de 1.000 € mensuales de alquiler, puedes hablar de 12.000 € anuales de alquiler. Solo pruébalo una temporada para ver el efecto que tiene sobre tu forma de pensar.

Cuando a un niño se le da la primera paga normalmente suele ser semanal. La razón es que probablemente no sea capaz de gestionar el presupuesto anual de su paga de forma prudente. Seamos adultos, pensemos en términos anuales.

CUÉNTATE LA VERDAD SOBRE EL DINERO UNA VEZ AL MES. Trabaja en tu Excel de independencia financiera (presupuesto, control de ingresos y gastos y presupuesto) el primer lunes de cada mes. Da igual que haya mucho o poco movimiento que apuntar: es más importante el hábito que la cantidad.

REVISA TUS CUENTAS BANCARIAS CADA DÍA. O al menos semanalmente. Esto te dará una sensación de control de tu economía y, en el caso de que las cantidades no sean muy estimulantes, te recordará diaria o semanalmente que es preciso mejorar.

LLEVA SIEMPRE DINERO ABUNDANTE EN EL BOLSILLO. Llevar algo más de efectivo del que lleves ahora mismo en el bolsillo te obligará a ser más responsable con tu dinero.

Incrementa la cantidad de dinero que llevas en tu cartera. Lleves lo que lleves ahora increméntalo un poquito porque llevar efectivo en el bolsillo otorga cierta sensación de poder.

Además, al incrementar la suma que llevas en el bolsillo aprenderás a controlar tus impulsos, ya que no podrás gastarte todo lo que llevas encima.

Según un estudio de la revista *Forbes*, el 26 % de los millonarios que respondieron a la pregunta ¿Cuánto dinero llevas en el bolsillo? respondieron que alrededor de 1.000 dólares; un 40 % respondieron que alrededor de 500 dólares y solo un 4 % afirmaron llevar más de 5.000 dólares en su bolsillo.

PÁGATE PRIMERO. Este mensaje va dirigido a autónomos, emprendedores e inversores. Pagarse el primero hace que aumentes tu autoestima, elimina la sensación de que eres un canal por el que pasa el dinero y es una habilidad imprescindible en las personas que gestionan bien sus finanzas.

Por muy mal que te vaya págate a ti mismo el primero porque esto hará que finalmente encuentres el dinero para pagar a los demás al mismo tiempo que te cuidas a ti mismo.

Resulta desolador pasarse todo el mes o año trabajando para encontrar al final que ni siquiera dispones de efectivo para pagarte a ti mismo. Si estás en una situación muy complicada en la empresa, entonces quizá quieras pagarte primero una cantidad, aunque solo sea simbólica, y luego seguir con el resto de pagos.

COMPRA SIN MIRAR EL PRECIO. Cuando estés comprando, no mires el precio de lo que te gusta: valora si lo necesitas realmente y, decide si lo vas a comprar o no. Después mira el precio y, si puedes comprarlo, hazlo. En el caso de que en ese momento no puedas, agradece en ese momento de antemano el momento del futuro en el que podrás hacerlo. La idea de este ejercicio es acostumbrarte a comprar solo lo que realmente necesitas o quieres, sin que el precio sea un factor determinante para comprarlo.

VENDE O REGALA TODO AQUELLO QUE NO USAS. Así dejarás espacio para que entre nueva energía en tu vida. Una vez al año dale un repaso a la casa para evitar que se acumule materia (información solidificada) que pueda impedir tu desarrollo. Cualquier momento es bueno, pero otoño, que es el momento en el que la naturaleza se deshace de lo viejo, parece un buen momento para incorporar este hábito.

TRABAJA EN TU TALENTO CADA DÍA. Dedica cada día un rato a poner en práctica tu talento y a ponerlo al servicio de otras personas. Las consecuencias que va a tener este pequeño hábito en tu vida no las puedes ni imaginar, salvo que ya lo estés haciendo, claro.

DETERMINA OBJETIVOS DIARIOS. No te levantes sin tener claro cuál es tu objetivo ese día en lo profesional, en lo personal y en lo social. Esto te hará empezar el día con foco y con claridad sobre tus prioridades. También puedes adquirir el hábito de dedicarle unos instantes a esto antes de acostarte para levantarte con tus prioridades claras.

DA LAS GRACIAS POR ADELANTADO. La riqueza empieza por tener una sensación permanente de agradecimiento. Este genera una inercia positiva en tu vida. Prepara una lista de razones por las que estar agradecido cada día antes de irte a dormir. Me parece exótica la idea de que alguien pudiera no sentirse agradecido por todo lo que la vida le ofrece.

El agradecimiento, puedes creerme, antecede a la riqueza. No se trata de que cuando tengas riqueza estés agradecido; se trata más bien de que estar agradecido produce riqueza.

SISTEMATIZA LA CONSTRUCCIÓN DE RELACIONES. Pasa del ¿qué has hecho por mí últimamente? a ¿qué puedo hacer por ti hoy? Pensar así es un signo de abundancia. Tener buenas relaciones aumentará tu sensación de abundancia y, por tanto, atraerás dinero de forma natural. Piensa la manera en la que puedes trabajar cada día para disfrutar de buenas relaciones. Tener buenos amigos y buenas relaciones te hará sentirte más feliz y ya sabes que la felicidad es un imán para el dinero.

DIEZMO EDUCATIVO. Destina aproximadamente un 10 % de tus ingresos a formarte, a aprender, a cultivarte en nuevas disciplinas… Con más frecuencia de la que creemos la pobreza económica es consecuencia de la pobreza de ideas.

NO COMPRES CON DEUDA MALA. Di no a la deuda mala, que es la que pagas tú. En mi opinión, y es un punto de vista muy personal, esta regla se puede alterar para comprar formación siempre que el retorno de esta esté claro, para comprar salud y, en algunas ocasiones muy puntuales, para comprar vivienda. En el resto de los casos, si no lo puedes pagar, salvo circunstancias realmente excepcionales, no lo compres.

NO USES LA TARJETA DE CRÉDITO. Nunca. Solo en emergencias o cuando no te permitan emplear una tarjeta de débito y liquida ese crédito el primer día del mes siguiente.

ALQUILA. Especialmente si es una fuente de gastos. Si puedes alquilarlo o disfrutarlo, es posible que no quieras comprarlo. Es más, si tienes poder adquisitivo suficiente para comprarlo, ¿para qué lo quieres si ya sabes que puedes comprarlo y además puedes alquilarlo?

Menos es más. Pon el foco en disfrutar en lugar de en tener y verás que tu vida empieza a ser más. Si quieres disfrutar algo y puedes alquilarlo, alquílalo. Solo después, si realmente compruebas que merece la pena comprarlo, cómpralo.

Recuerda la regla de oro: si genera ingresos, lo quieres a tu nombre; si genera gastos, es mejor que esté a nombre de otro.

DATE UN LUJO DE VEZ EN CUANDO. Date los lujos que te puedas permitir pero recuerda que tienes que destinar una parte de tu presupuesto anual, alrededor del 10 % de tus ingresos, a darte un capricho o lujo de vez en cuando. Siempre que este capricho esté dentro de tu presupuesto es positivo porque te hace sentir que el camino que has decidido transitar también tiene premios. La idea es muy sencilla: vive de vez en cuando como vivirás cuando consigas tus objetivos.

SÉ EL MÁS POBRE DEL VECINDARIO. Las carpas son animales que crecen hasta el tamaño que el contexto en el que viven les permite. Si llevas a una carpa a un estanque más grande, entonces crecerá más. A los humanos nos sucede igual.

La mayoría de las personas tienen unos ingresos que corresponden a la media de las personas con las que más se relacionan. Amplía tu contexto y ve a un barrio donde seas el vecino más pobre; esto te empujará a mejorar como persona y como profesional. Ve a círculos donde seas el que menos sabe; esto te empujará a aprender. Ve a contextos que te inviten a desempolvar tu mejor versión. Con el tiempo, notarás la diferencia.

AHORRA. Ahorra independientemente de la cantidad con la que empieces. Empieza hoy al margen de la cantidad. Si es solo un euro, pues un euro.

Atención: si tienes más de treinta y cinco años, tómate este hábito no como una sugerencia sino como una orden. El 10 % automáticamente como mínimo o llegarás tarde. Puedes volver a leer los capítulos sobre el interés compuesto o sobre el ahorro si aún albergas alguna duda con esto.

CALCULA UNA VEZ AL MES CUÁNTO TE COSTARÍA CERRAR HOY. Si tienes empresa, hazlo cada mes para ser consciente de la marcha real del proyecto. Si eres empleado o autónomo, es recomendable que hagas una simulación de qué sucedería desde el punto de vista económico si desde hoy cesases en tu actividad. Esto no significa que lo vayas a hacer pero te proporcionará una mayor consciencia al respecto de las decisiones que tomas.

HAZ REGALOS. Cuando vayas a casa de otra persona lleva algo, aunque sea un pequeño detalle. No tiene por qué ser caro. Es solo un símbolo –recuerda que al Universo le fascinan los símbolos– que le dice a la vida que ya eres abundante y, por tanto, terminará por atraer más abundancia a tu vida.

DA MÁS VALOR DEL QUE TE PAGAN. Este es el verdadero paradigma emprendedor que genera magia: consigue entregar más valor del que recibes. Asegúrate de que en cada transacción el valor que aportas genera mucha más riqueza que el dinero que recibes.

Acostúmbrate a dejar anonadadas a las personas que te rodean. No importa si eres empleado o si eres emprendedor: haz lo mínimo que hagas como si tu vida dependiera de ello, y algún día comprenderás que tu vida dependía de ello. Ese día tu posición económica mejorará.

Da más valor del que los demás esperan de ti en cada transacción. Esto es especialmente importante si estás en una posición laboral que quieres cambiar, porque necesitas entrenarte para entregar más valor a otras personas que, como sabes, es una de las bases de la abundancia, y cuanto antes empieces, antes obtendrás el resultado.

NO PIDAS DINERO PRESTADO A FAMILIARES O AMIGOS. Y si no te queda más remedio que hacerlo, explícales claramente de qué manera y en qué plazo lo vas a devolver. Después cúmplelo.

NO PRESTES DINERO QUE NO ESTÉS EN CAPACIDAD DE REGALAR. Si te piden dinero, recuerda que puedes prestarlo o no, que es una decisión personal y que no tienes obligación de hacerlo. Recuerda el principio general de que, si no puedes regalarlo, mejor no lo prestes.

NO AVALES Y NO PIDAS AVAL EN NINGÚN CASO. Solo por enfatizar: en ningún caso.

PAGA LO ANTES POSIBLE. Paga cuanto antes, paga al momento. Si tienes el dinero y debes algo a alguien, págalo. Las leyes del Universo dicen que el que quiera recibir tiene que empezar dando. ¿Entiendes que no puedes aspirar a que te vaya bien si retrasas el pago de tus facturas?

Paga tan pronto como puedas y comprobarás que tus clientes empiezan a pagarte antes. Suena mágico, y lo es.

HAZ TODO LEGAL DESDE EL PRINCIPIO. Recuerda los diferentes niveles de la Operación Níquel. Hacerlo te ahorrará mucha energía que podrás dedicar a hacer crecer tu negocio y a mejorar tu vida.

SIENTE ALEGRÍA POR CADA FACTURA QUE PAGAS. La verdadera abundancia económica está fundamentada en que haya una danza permanente entre el dar y el recibir.

Si solo te alegras de recibir, estás generando un desequilibrio. Si solo te alegras de dar, también estás generando un desequilibrio.

Si quieres vivir en la abundancia económica, es preciso aprender a danzar permanentemente entre el dar y el recibir. Alégrate de cada pago que haces porque le estás ofreciendo posibilidades a esa persona o empresa de que siga haciendo lo que quiere hacer.

Si esta actitud no te sale de manera natural, simúlala hasta que sea natural en ti.

HABLA DE DINERO. Si quieres mejorar tu situación financiera, necesitas hablar de dinero con naturalidad para aprender nuevas ideas. El dinero es un tema tabú aún hoy en día, especialmente en culturas latinas.

Si las primeras personas de tu entorno actual no hablan de dinero con naturalidad o no habla nunca –con naturalidad o sin ella– de él, empieza a hablar con ellos. Si no quieren o las conversaciones son incómodas, encuentra un nuevo entorno donde puedas hacerlo.

No se puede mejorar un idioma si no lo practicas. Aprender de dinero es como aprender un nuevo idioma, y eso requiere mucha práctica. Encuentra entornos donde hablar de dinero sea natural.

ASISTE A UN MASTERMIND. Es muy importante que te rodees de personas que, como tú, estén comprometidas con su desarrollo personal y profesional para que os apoyéis y podáis compartir vuestros retos, experiencias, progresos, inseguridades y alegrías.

Aprende a crear un Mastermind:
https://www.masterdeemprendedores.com/mastermind-
como-crear-y-mantener-redes-de-contacto-sergio-fernandez/

LLEGA A ACUERDOS ECONÓMICOS CON TU PAREJA. Si vives en pareja, es necesario que compartas la información de este libro, porque los cambios propuestos son demasiado importantes como para que los puedas llevar a cabo con éxito en solitario. Después hablad sobre ello y llegad a acuerdos.

NO ROBES. Robar acabará por atraer antes o después acontecimientos negativos a tu vida, porque aquello que damos es aquello que recibimos.

Recuerda que robar también es no pagar a escote, no devolver tus deudas o seguir viviendo como si nada antes de devolver el dinero que debes. Llegar tarde y quitar con ello tiempo a otras personas también es robar.

Conseguir algo de otra persona con argumentos falsos o venderle algo que no necesita, quedarse con vueltas de más en un comercio o sisarle media hora a tu jefe en el trabajo llegando tarde o hablando por teléfono con un familiar también es robar.

En un mundo abundante, ¿qué sentido tiene quedarte con algo que no es tuyo? Hacerlo es toda una declaración de intenciones: vivo en un mundo escaso y necesito robar. ¿Y sabes qué? Pues que la vida te dará la razón y empezarás a vivir en un mundo escaso. Robar —en su faceta amplia— te impide mejorar económicamente.

# Extra... *plan de acción*

«Haz solo lo que amas y serás feliz. El que hace lo que ama, está bendito y condena al éxito.»

FACUNDO CABRAL

«Son más los que abandonan que los que fracasan.»

HENRY FORD

«Si hemos de aprender a nadar, es mejor que nos lancemos al agua y que no pasemos demasiado tiempo pensándonoslo en la orilla. [...] Siempre es más inteligente lanzarse a la aventura.»

PABLO D'ORS

¿Te has preguntado en alguna ocasión cuántas veces se cae un niño antes de empezar a caminar?

La respuesta es bastante obvia: todas las necesarias hasta que consigue ponerse en pie y andar.

Si tuviéramos de adultos la misma claridad que tenemos de niños cuando aprendemos a caminar o a hablar o a aprender cualquier cosa, los resultados que obtendríamos en la vida serían radicalmente diferentes.

Lo importante no es el número de veces que nos vamos a caer. Lo importante es el número de veces que vamos a seguir apostando por nosotros a pesar de que nos hayamos caído. Y esto es una decisión que ninguna persona o circunstancia externa a ti puede robarte. Es una decisión que empieza y termina en ti.

Quizá ya te has caído en alguna ocasión. Quizá no sepas muy bien qué hacer con todo lo que has aprendido en el libro. Quizá te estés preguntando por dónde empezar...

La primera cuestión –espero que sepas disculparme por su evidencia– es que ningún libro por sí mismo puede entregarte resultados diferentes.

Para conseguirlos necesitas empezar a hacer las cosas de una manera diferente durante el tiempo suficiente. Solo eso.

El reto consiste en que durante algún tiempo –más del que quisieras quizá– es posible que aparentemente nada cambie. Y precisamente porque a veces los resultados no son inmediatos resulta tan retador mantenerse firme en una forma diferente de hacer las cosas.

Ningún libro puede ayudarte si no haces las cosas de manera diferente durante el tiempo suficiente. No basta con entenderlo; también hay que aplicarlo.

Con frecuencia solo hay que aplicar lo que ya sabemos para empezar a mejorar. Lo cierto es que el camino consiste en aprender un poco y aplicarlo. Después aprender otro poco y volver a practicar. Y con lo que has aprendido en este libro tienes suficiente para empezar a mejorar.

> No se trata de acumular conocimientos, sino de aplicar cada aprendizaje que vamos adquiriendo.

Te dejo con una propuesta para empezar a integrar el nuevo estilo de vida que propone este libro:

0. PREPARACIÓN. Entra en pensamientopositivo.org/libertadfinanciera para descargarte la bibliografía y la lista de películas recomendadas. Empieza a sitiar tu cerebro con ideas nuevas y más funcionales para conseguir el resultado que deseas. Ve ahora a check.com e inscríbete para recibir un plan de acción semanal durante los próximos tres meses con un recordatorio de las acciones necesarias para mejorar tus resultados económicos. Si quieres trabajar a fondo todas estas ideas, quizá quieras inscribirte en alguno de nuestros programas formativos: www.pensamientopositivo.org

1. DÓNDE ESTÁS. Haz los ejercicios de diagnóstico del capítulo 31. Es importante que tengas una imagen clara de lo que ha pasado con el dinero en tu vida.

2. APOYO. Busca apoyo para llevar este plan adelante con tu familia si compartes unidad familiar. Comparte para qué quieres hacerlo. Empieza de todas formas aunque no logres recabar apoyo en primer lugar. Nadie puede sustraerte tu derecho a mejorar tus circunstancias, ni siquiera tus seres queridos más cercanos. Busca amigos o nuevos contextos con los que compartir este camino. Puedes crear un grupo de lectura del libro para avanzar junto a otras personas. La mayoría de los caminos son más fáciles si los transitamos acompañados de las personas adecuadas.

3. OBJETIVOS. Determina un objetivo claro financiero a uno, tres y diez años que te permita disfrutar del estilo de vida que deseas. Escríbelo ahora. También puedes crear un tablón de sueños con imágenes que lo representen y ponerlo en un lugar visible para recordarlo cada día. Recuerda vincular tus objetivos económicos a tus objetivos personales y a tu propósito per-

sonal. Vuelve a leer el capítulo 22 sobre objetivos para repasar la importancia de definir objetivos.

4. CUÉNTATE LA VERDAD. Adopta el hábito de contarte la verdad cada mes. Calcula tu balance personal, haz tu control de ingresos y gastos y revisa tu grado de cumplimiento del presupuesto (elabora un presupuesto) el primer día de cada mes. Hazlo durante años. Recuerda que el hábito es más importante que la cantidad. Vuelve a leer el paso 5 para repasar cómo implementar estas herramientas.

5. HÁBITOS. Adopta como hábitos las decisiones necesarias para gastar menos. Incorpóralas poco a poco. Es mejor adoptar solo un hábito y cumplirlo, y cuando esté consolidado adoptar el siguiente. Puedes volver a leer el capítulo 35 sobre hábitos con el fin de escoger uno o dos para incorporarlos a tu vida.

6. INGRESOS. Adopta como hábitos las decisiones necesarias para ganar más. Encuentra la manera de aportar más valor, que es la primera forma de ingresar más dinero. Para mejorar tu situación vas a necesitar mejorar tus ingresos antes o después. Vuelve a leer el capítulo 23 sobre la importancia de generar más ingresos.

7. GASTOS. Anota cada gasto cada día durante al menos tres meses para que puedas comprobar tu evolución. Adopta las medidas necesarias para reducir tus gastos. Puedes volver a leer el capítulo 24 sobre gastos.

8. AHORRO. Aplica el ahorro y la inversión para eliminar la deuda mala de tu vida para siempre. Después crea un colchón

de tranquilidad de uno a dos años. Puedes volver a leer los capítulos 25 sobre la deuda y 26 sobre el ahorro.

9. INGRESOS PASIVOS. Empieza a crear fuentes de ingresos pasivos que te permitan ingresar cada vez más dinero no vinculado a tu trabajo. Los capítulos 16 y 17 sobre ingresos pasivos e interés compuesto te ayudarán con este asunto.

10. DETERMINACIÓN. Probablemente los resultados tarden más tiempo en llegar del que te gustaría. Mantente firme en las decisiones que hayas tomado todo el tiempo que sea necesario.

# *Recursos para aprender más* |

«Leer es querer que el mundo no se acabe nunca.»

Desde niño he tenido la certeza de que la solución a cualquier reto que la vida me plantease podría encontrarla en un libro. Esto ha hecho que con frecuencia cuando quiero encontrar la solución a cualquier problema tiendo a buscarla en un libro. Si quieres que comparta contigo la lista de los libros que más me han nutrido en lo referente al objeto de este libro, visita:

pensamientopositivo.org/libertadfinanciera

Su opinión es importante.
En futuras ediciones, estaremos encantados
de recoger sus comentarios sobre este libro.

Por favor, háganoslos llegar a través de nuestra web:

www.plataformaeditorial.com

Para adquirir nuestros títulos,
consulte con su librero habitual.

«Todo lo que perece desea durar.
Digamos pues que todo quiere durar.»*
ALBERT CAMUS

«*I cannot live without books.*»
«No puedo vivir sin libros.»
THOMAS JEFFERSON

Plataforma Editorial planta un árbol
por cada título publicado.

* Frase extraída de *Breviario de la dignidad humana* (Plataforma Editorial, 2013).